미술치료 임상실습 지침서

박은선 저

圖書出版 하나醫學社

처음에 책을 쓰고자 마음을 먹었던 이유는 제가 맡고 있는 임상실습지도 시간에 교재가 필요했기 때문입니다. 아직은 배움이 부족하여 책으로 엮는 것은 자신이 없었는데 더 이상은 미룰 수가 없어서 시작해 보았습니다. 책 처음 쓰는 초보자라 첫 술에 배부르려고 원고를 안고 끙끙 대기만 했는데 나중에 고쳐 갈 요량하고 쓰라는 말에 용기를 내어 끝맺음 했습니다. 다시 보니 빠진 부분, 아쉬운 부분이 여전히 많습니다만 그럼에도 불구하고 누군가에게 유용하게 쓰인다면 기쁘겠습니다.

이 책은 미술치료 임상실습을 앞두고 두려움과 막막함을 느끼는 학생들에게 도움이 될 수 있을 것이라는 기대로 썼습니다. 임상실습은 이제 막 미술치료를 시작하는 사람들에게 새로운 도전일 것입니다. 오랫동안 자신이 가지고 있었던 의문의 답을 찾아 떠나는 여행이므로 설레임과 기대감도 함께 하겠지만 그만큼 두려움과 걱정도 클 것입니다. 이런 여정에 손잡아 주는 사람이 있다면, 길을 안내해주는 지도가 있다면 막막하지만은 않을 것입니다. 이 책이 그동안 배운 지식들과 함께 치료사로서의 자신을 만들어 가는 과정에서 제목 그대로 지침서가 될 수 있기를 희망합니다. 그래서 될 수 있으면 한 두 영역을 자세히 다루기보다는 여러 영역을 전반적으로 살펴볼 수 있도록 고안하였고 새로울 것은 없지만 그 간의 수업이나 수퍼비젼에서 자주 다루어진 이슈들을 중심으로 목차를 꾸몄습니다.

미술치료사로 일하면서 스스로를 장하게 여긴 적도 있었고 자괴감에 괴로웠던 순간들도 있었습니다. 수퍼비젼이 없었더라면 감히 내담자를 만나지 못했을 것 같은 시기도 있었는데 이제는 제가 수퍼바이저가 되어 다른 치료사들을 만납니다. 돌이켜보니 짧은 여정이긴 해도 그간 제가 이 일을 계속 할 수 있었던 것은 실습생 시절 자율성과 자기 의견의 중요성을 강조하던 수퍼바이저의 훈련 덕분입니다. 저도 미약하나마 그런 역할을 할 수 있다면 그 역시 기쁜 일이겠습니다.

마지막으로 책을 마무리할 수 있게 도와주신 주변 어른들, 여러모로 지원을 아끼지 않은 가족들, 그리고 오랫동안 기다려주신 오무근 사장님, 고맙습니다.

2010년 8월

박은선

차 례

제1장

내담자의 권리 및 비밀 유지(Confidentiality)

1. 내담자의 권리

한 치료사가 내담자를 만나서 치료를 시작하게 되는 통로는 다양하다. 병원이나 복지관, 또는 상담소에 근무하는 미술치료사의 경우 일단 내담자가 기관을 방문하여 기초적인 면담과정을 거친 후 미술치료에 의뢰되는 경우가 많다. 이때 미술치료사가 최초 면담 혹은 면접을 담당하는 경우도 있지만 경우에 따라서 내담자가 처음 만나는 사람은 사회복지사나 상담사, 임상심리사, 의사 등이 될 수 있다.

누가 되었더라도 초기 면접을 담당하는 사람은 치료가 개시되는 시점에서부터 내담자에게 내담자의 권리에 대해 안내하는 것이 필요하다. 우리나라의 경우 정신과의 문턱이 낮아지고 있는 추세이기는 하나 여전히 정신적인 치료나 심리 상담 분야는 일반적으로 미루어 짐작하기 어렵고 예민한 부분이 많다. 그런 이유로 상담을 받으러 오는 내담자들이 자신들의 권리에 대해 알고 있는 경우가 드물다. 인권의 존중은 어떤 분야나 예외 없이 중요한 태도이지만 특히 미술치료를 포함한 정신보건업계에서는 사람을 만나고 있기 때문에 그 태도가 다른 직업과는 차별이 된다. 그러므로 서비스를 제공받는 내담자들이 치료과정에서 받을 수 있는 불이익을 최소화하기 위한 치료사의 직업적, 윤리적인 의무나 책임이 존재하는 것이다.

그런데 정작 치료사가 내담자의 권리에 대한 구체적인 내용을 모르고 이해도 적다면 이런 안내는 이루어질 수 없을 것이다. 그러므로 우선은 치료사 스스로 내담자의 권리에 대한 인식을 어느 정도 가지고 있는지, 그리고 그것에 대한 생각이나 느낌은 어떤지를 점검하는 과정이 필요하다. 종종 많은 치료사들이 내담자의 권리를 존중하는 직업적 · 윤리적인 태도에 대해서는 동감하지만 세부적인 사항을 다루게 될 때에는 거부감을 나타내는 경우도 있다. 그 거부감은 치료사 혹은 치료에 대해 가질 수 있는 막연한 환상이 너무나 구체적으로 다루어짐으로써 현실적으로 각인시키기도 하고 경우에 따라서는 어떤 편견이나 선입견을 제공할 가능성이 있다는 사실에 기인한다. 그렇다면 구체적인 내용을 알아보면서 어떤 부분이 치료사에게 불편함을 제공할 수 있는지도 살펴보도록 하겠다. 다음의 내용은 미국 미술치료협회에서 명시하는 내담자의 권리이다(AATA, 2009).

우선 첫째, 내담자는 자신의 치료사로부터 치료과정에 대한 전반적인 이해를 위한 정보를 제공받아야 한다. 여기에는 미술치료의 의미나 과정에 대한 소개, 미술치료의 이득, 잠재적인 해, 비밀유지의 원칙 등에 대한 정보가 포함된다. 이를 통해 내담자는 자신의 권리를 이해하고 행사할 수 있게 된다.

둘째, 내담자는 자신의 치료 진행 상황이나 목표 등에 관한 정보를 요청할 수 있고 그 내용을 치료사와 협의할 수 있다. 다른 진료 기록과 같이 세션 기록 역시 내담자가 요구할 수 있는데 이런 요청이 있을 시 치료사는 세션 기록을 복사하여 보여 줄 의무가 있다. 또한 이 내용을 토대로 치료 방향이나 목표에 대한 의논이 이루어져야 한다.

셋째, 내담자는 자신의 치료를 본인의 의사대로 개시할 수 있는 것처럼 치료의 종결 역시 요구할 수 있다. 여기에는 나중에 더 자세히 다루겠지만 예외적인 조항이 존재하는데 위급한 상황에서는 내담자의 권리가 제한될 수도 있다.

넷째, 만일 내담자가 치료과정에 불만을 갖거나 치료사의 반 치료적인 사항이 생겼다면 이를 상부 감독 기관에 고지할 수 있다.

치료사의 입장에서 볼 때 세션 기록 열람을 요청하거나 치료사에게 불만을 토로하는 내담자는 조심스러운 상대일 것이다. 그렇기 때문에 이러한 내담자의 권리에 대해 적극적으로 알리지 않는 경우도 생긴다. 그렇지만 이런 장치는 오히려 치료사가 자신의 행동을 모니터하고 주의를 기울이며 혹시 반치료적인 개입을 하고 있지는 않은지 조심하게 만들기 때문에 치료사로서의 훈련이라는 측면에서도 무척 도움이 된다는 점을 명심한다면 치료사가 방어적으로 행동할 이유가 없다는 것을 이해할 것이다.

한국상담심리학회에서도 전문상담가로서의 태도나 의무와 함께 내담자의 권리에 대해서 다음과 같은 윤리강령을 제시하고 있다 (최원호, 2008).

(1) 내담자는 비밀유지를 기대할 권리가 있고 자신의 사례기록에 대한 정보를 가질 권리가 있으며, 상담 계획에 참여할 권리, 어떤 서비스에 대해서는 거절할 권리, 그런 거절에 따른 결과에 대해 조언을 받을 권리 등이 있다.
(2) 상담심리사는 내담자에게 상담에 참여 여부를 선택할 자유와 어떤 전문가와 상담할 것인가를 결정할 자유를 주어야 한다. 내담자의 선택을 제한하는 제한점은 내담자에게 모두 설명해야 한다.
(3) 미성년자 혹은 자발적인 동의를 할 수 없는 사람이 내담자일 경우, 상담심리사는 이런 내담자의 최상의 복지를 염두에 두고 행동한다.

2. 비밀 유지

비밀 유지의 원칙

비밀 유지의 원칙이란 정신 보건 분야 종사자는 직업적으로, 그리고 윤리적으로 치료적 관계에서 얻어진 내담자의 정보가 내담자의 허가 없이 치료 이외의 환경에 노출 되지 않도록 보호할 의무와 책임이 있다는 것이다. 즉 치료사는 법적 근거나 내담자의 허가 없이는 내담자의 어떠한 정보도 공개하여서는 안 된다는 것이다. 이 비밀 유지의 원칙은 내담자에게는 기본 권리이고 치료사에게는 기본적인 의무에 해당한다(Corey, Corey, & Callanan, 1998).

납득하기 쉬운 이 원칙도 그러나 적용에 들어가면 또 다르기 때문에 치료사들이 실수를 하게 되는 경우도 종종 있다. 다음의 예를 살펴보자.

- 14세인 내담자가 학교에서 은밀하게 진행되는 왕따나 폭행의 경험을 이야기하면서 부모에게 비밀로 해줄 것을 요구한다면 치료사는 그 요구를 들어줄 수 있는가.
- 내담자의 가족과 치료 진행 상황에 대해 이야기하고 의논하는 것은 어떠한가. 만일 내담자가 성인이라면? 만일 부모와 이야기하는 것을 신경 쓰는 아동이라면? 치료에 협조적이고 지지적인 내담자의 가족이 내담자를 염려하며 도울 방법을 묻는 경우에는 어떤가.
- 보험회사에서 내담자와 치료에 대한 정보를 요구한다면 어떻게 할 것인가.
- 내담 아동이 집안에서 일어나고 있는 가정 폭력이나 학대에 이야기하면서 엄마가 '아무에게도 이야기하지 말라' 고 했다는 말까지 덧붙이는데 어떻게 할 것인가.
- 부모가 별거 중인 내담아동을 만나는데 아동과 같이 살지 않는 부모 중의 한 사람이 전화를 걸어 내담아동이 요즘 어떻게 지내는지를 물어왔다. 나중에 부모가 이혼 소송 중이었고 이혼의 원인이 상대편에게 있다는 사실을 증명하기 위해 아동을 통해 정보를 얻으려는 시도를 하는 것임을 알게 되었다면

어떤 태도를 취해야 할까.

- 미술치료시간에 제작된 작품을 모아 전시를 하게 되었는데 내담자가 그림을 그린 과정에 대해 신문사에서 취재를 나온 기자가 묻는다면 어떻게 할 것인가.
- 치료사들의 인터넷 카페가 있는데 교육 자료로 사용하기 위해 자료실에 자신의 치료 사례를 올리도록 요구받는다면 어떻게 할 것인가.

여기에 제시한 몇 가지 예는 많은 치료사들이 현장에서 즉각적으로 판단하고 행동할 것을 요구받는 상황의 정말 몇 가지에 지나지 않는다. 이에 대한 대답 역시 정보를 공개해야한다, 아니다 식의 이분법적 논리로 해결할 수 없는 경우가 많다. 그만큼 이 원칙의 적용에 있어서는 많은 논의와 탐구가 이루어져야만 한다는 것을 기억하기 바란다.

원칙적으로 비밀 유지를 요하는 정보에는 내담자가 치료를 받는다는 사실부터 시작해서 내담자의 이름이나 신상 정보, 치료시간에 다룬 내용, 제작한 작품 등이 모두 포함된다. 예를 들어 자신이 치료 받고 있다는 사실을 배우자를 포함하여 모든 가족들에게 알리고 싶어 하지 않는 내담자가 있다면 가족들에게 치료 과정을 공개하고 의논하는 것은 내담자의 의사를 거스르는 것이 된다. 치료사가 수퍼비전을 받거나 학회에 사례를 발표하거나 논문을 쓰거나 하는 경우 일정한 절차에 따라야 하며 그런 경우라 해도 내담자의 실명을 공개하거나 내담자가 누구인지 알아볼 수 있을 정도로 자세한 신상정보를 공개하지는 않는다. 그림에 내담자의 실명이 쓰여 있다면 이름은 가리고 공개해야 한다.

그런가하면 법적으로 성인이 아닌 아동이나 청소년의 보호자가 내담아동의 세션 내용에 대해 알고 싶어 하는 경우에는 원칙적으로는 보호자의 요구를 들어주어야 하지만 만일 그 사실 때문에 내담아동과의 작업에서 신뢰와 진실성이 도전받는다면 이런 보호자의 요구를 조정해야 한다. 듣기에 따라서는 쉽게 납득이 가지 않는 소리 같겠지만 치료사가 치료실을 나서서 거리나 시장, 극장 같은 곳에서 내담자를 만난다고 해도 인사를 나누거나 아는 체 하는 것도 곤란을 초래할 수 있기 때문에 조심하는 것이 좋다.

이런 비밀 유지의 목적은 크게 두 가지로 설명할 수 있는데 첫째로는 내담자가 치료나 상담을 받는다는 사실로 인해 어떠한 불이익도 받지 않도록 하기 위함이다. 물론 많은 변화가 있었지만 여전히 우리 사회에는 장애나 정신, 심리적인 어려움을 가진 사람들에 대한 편견이나 선입견이 존재하기 때문에 이런 사실이 노출되었을 경우 대인관계 내에서, 또는 직업을 구하거나 현재 다니는 직장을 유지하는 데 불편함이나 불이익을 받을 가능성이 있다. 그렇기 때문에 그런 사회적인 낙인이나 불이익을 최소화하고 내담자의 기본 권리나 인격을 존중하기 위한 목적으로 비밀 유지의 의무가 있는 것이다. 두 번째로 이렇게 내담자가 한 이야기가 내담자와 치료사 사이에만 남아있다는 사실은 치료를 가능하게 만드는 전제 조건이기 때문이다. 즉 비밀이 유지된다는 것을 전제로 내담자가 치료사를 믿고 자신의 이야기를 할 수 있는 것이다. 이렇게 치료사를 믿고 치료에 집중하는 내담자 일수록 치료를 통해 개인의 변화를 경험할 가능성이 크다.

이렇게 치료가 개시될 수 있는 전제라고도 설명하는 비밀 유지 원칙이지만 자발적으로 치료실을 찾은 내담자 중에서도 의외로 이것에 대해 모르고 있는 경우도 많다. 설사 알고 있더라도 세부적인 상황까지 이해하는 경우는 드물기 때문에 치료사는 치료가 개시되는 순간부터 이 사실을 적극적으로 다루어야 한다. 위에서 언급한 대로 내담자에게 비밀 유지의 개념이 어떠한지, 목적이 무엇인지, 세부적으로 어떤 사항이 포함되는지 등에 대한 자세한 정보를 제공하고 이해시키며 이후 이 원칙의 적용에 대한 의문이 생기면 언제든지 적극적으로 이야기 나눌 것을 주지시킨다.

그런데 만일 내담자가 스스로 자신의 치료나 상담 사실을 밝히는 경우는 어떠한가. 다음의 예를 통해 살펴보도록 하자.

20대 초반의 한 여성이 대인관계에서의 어려움을 호소하며 병원을 찾아왔는데 다소 히스테릭하고 다른 사람의 반응에 민감하며 거절감에 대한 두려움도 가지고 있었다. 그러면서도 다른 사람들이 자신의 뜻을 알아주지 않으면 상대를 비난하고 적대적으로 대해 사람을 사귀고 친밀한 관계로 가꾸어 나가는 것이 어려웠던 내담자인데 그래도 한 동네에서 오랫동안 같이 살아 온 대 여섯 명의 동창들과는 지속적으로 만나며 마음을 어느 정도 터놓고 지내고 있었다. 그런데 아주 우연한 기회에 그 중의 한 친구에게 자신이 이런 이유로 상담을 받으러 병원에 다니고 있다고 이야기하게 되었다. 그러자 그 친구는 내담자의 사정을 딱하게 여기며 평소보다 훨씬 더 내담자를 이해하려고 애썼다. 그런데 어느 날 그 친구들 사이에 오해가 생겼고 몇 차례 말이 오가고 시시비비를 따지는 자리에서 친구들이 '네가 그러니까 치료를 받으러 다니는 거 아니냐' 는 소리를 하며 그 사이에 일어난 일들을 모두 내담자의 탓으로 돌렸다. 결국 내담자는 이 친구들 모임에서 배제되기 시작했는데 자신이 치료받으러 다닌다는 사실을 밝힌 이후 친구들과 사이가 멀어졌고 동네 이웃들도 자신을 대하는 태도가 달라진 것 같은 느낌을 지울 수가 없었다.

비밀 유지는 엄격히 치료사에게 요구되는 윤리적인 조항이다. 그렇지만 비밀 유지의 목적이 무엇인가를 생각해본다면 위와 같은 경우도 해당됨을 알 수 있다. 그렇기 때문에 치료사는 내담자가 자신의 치료나 상담 사실을 공개한다 하더라도 그 공개가 개인의 커뮤니티 내에서 어떻게 인식이 되고 어떤 영향을 가져올 수 있을 것인지 같이 면밀히 검토해 보아야 한다. 그래서 만일 불이익이 예상된다거나 불필요한 관심을 유발시킨다면 내담자에게 사실을 공개하지 말 것을 권하는 것이 좋다. 이는 내담자에게 자신의 상황을 창피하게 생각하고 숨기도록 권장하는 것이 절대로 아니고 말 그대로 내담자 스스로 자신의 권익을 보호하기 위한 태도이기 때문이다.

이렇듯 종종 비밀 유지 원칙에 대해 피상적으로 이해하고 있거나 도식적으로 적용하는 경우 판단을 내리기 쉽지 않은 상황이 많은데 앞서 제시한 예들의 경우 어떻게 비밀 유지라는 원칙을 적용할 수 있을지 크게 몇 가지 경우로 나누어 생각해 보도록 하겠다. 그런데 이에 앞서 잊지 말아야 할 것은 모든 비밀 유지 원칙에는 예외 조항이 있다는 점이다. 크게 가정 폭력이나 아동 학대, 자살 시도 등 자신이나 타인의 안전이 위협되는 순간 등은 내담자의 비밀 유지 원칙이 내담자의 동의 없이도 지켜지지 않을 수 있다는 것인데 비밀 유지 원칙의 적용에는 이러한 예외적인 조건에 대한 고려가 반드시 포함되어야 한다. 이에 대한 세부적인 내용은 다음 절에서 따로 다루도록 하겠다.

비밀 유지 원칙의 적용

(1) 아동 · 청소년의 경우

미술치료사가 치료실에서 아동을 만나게 되는 경우는 일하는 기관의 성격에 따라 여러 가지로 생각해 볼 수 있는데 부모나 조부모, 친척 등 보호자가 데려오는 경우도 있고 학교나 지역 공부방, 복지관 등의 기관에서 학부모의 동의를 얻어 미술치료 프로그램이 실시되는 경우도 있으며 아동복지시설에서 생활하는 아동들의 경우 시설관계자에 의해 치료에 의뢰되는 경우도 있다. 이 모든 경우 원칙적으로 법적으로 미성년인 내담아동에 대한 권리는 보호자에게 있으므로 치료 개시와 작품사용 동의서에도 보호자의 서명이 필요하다. 그와 함께 치료사는 치료목표나 방향, 치료 진행 상황 등에 대해 보호자가 요구하는 정보를 제공하여야 한다(Corey 외, 1998).

그런데 치료개시 시 이러한 제한 조건이 전달되고 합의될 경우와는 달리 내담아동이나 청소년이 보호자와 치료사가 자신에 대해 상담하고 의논하는 것에 신경을 쓰고, 그렇기 때문에 치료사와의 신뢰를 기반으로 한 관계 형성에 어려움을 겪을 것 같다면 어떻게 할 것인가. 실지로 치료에 들어오는 많은 아동들이 자신이 치료시간에 한 이야기를 보호자에게 공개하지 말 것을 치료사에게 요구한다. 그러나 법적으로 아동에 대한 보호 권리를 가지고 있는 보호자는 정보를 요구할 수 있고 치료사는 이에 응해야 하는 것이다. 물론 아동과 나눈 모든 이야기를 공개하는 것은 아니다. 아동이라고 해도 내담자이므로 사적인 정보를 지키는 것이 중요하기 때문이다. 그렇다면 공개할 수 있는 내용은 무엇일까. 그리고 어떤 약속을 할 수 있을까. 이 문제는 비록 아동이 가진 이슈에 따라서 비중이 달라지기는 하지만 아동을 만나는 경우 반드시 생각하고 넘어가야 하는 문제이다. 현실적으로 아동에게는 보호자가 알고 있어야 하고 도와주거나 해결해 주어야 하는 일이 생기고 치료과정을 통해 알게 된 사실에도 보호자가 알아야하고 이를 통해 적극적으로 치료의 파트너가 되어야 하는 경우가 많기 때문이다.

일반적으로 아동들이 보호자에게 비밀을 지키고 싶어 하는 이유는 보호자로부터 듣게 될 수도 있는 꾸지람이나 잔소리 등을 피하고 싶거나 보호자에게 걱정을 끼치기 싫기 때문인 경우가 많다. 한편으로 치료사는 내담아동의 이러한 요구를 들어주지 않는다면 치료시간에 아동이 진솔하게 자신의 이야기를 하지 않을 것이라는 생각을 하게 된다. 이렇게 솔직한 이야기를 나누고 이를 통해 불이익을 받지 않았으면 하는 치료사와 내담자의 욕구가 합해져서 계약이 이루어지게 되는데 바로 '엄마한테는 비밀' 이라는 계약이 그것이다. 그런데 이 계약은 종종 치료사나 치료 상황을 곤경에 빠뜨리기도 한다. 그런 약속을 전제로 개시된 다음의 사례를 한 번 살펴보도록 하자.

한 청소년이 미술치료 시간에 친구들과 함께 세운 가출계획을 치료사에게 내비쳤다. 치료사가 아이와 이야기를 나누고 결국 가출하지 않겠다는 약속을 받아냈지만 그날 저녁 늦게 보호자에게 아이가 아직도 집에 들어오지 않았다는 연락을 받았다. 이에 치료사는 치료시간에 그런 이야기를 나누었다는 사실은 알리지 않은 채 직접 아이가 자주 간다고 언급한 적이 있는 곳으로 아이를 찾아서 헤매 다녔다. 그날 아이를 찾지 못하고 마음이 급해지자 치료사는 그동안 치료시간에 나온 친구들이나 행동반경에 대한 정보를 부모에게 제공하였는데 결국 아이는 며칠 뒤 자기 발로 집으로 돌아왔지만 치료사는 보호자나 아이 모두에게서 신뢰를 잃게 되어 치료가 종결되었다.

누구에게나 이런 상황에서 적절히 행동하는 것이 어떤 것인지 판단하기는 어려울 것이다. 만일 이 아동이 처음부터 어떤 정보는 부모와 공유가 될 것이라는 사실을 알고 있었다면 어떠하였을 것인가. 대부분의 치료사들은 그럴 경우 아이가 마음을 닫고 처음부터 아무 이야기도 하지 않을 것이라는 두려움이 있기 때문에 치료관계에서의 신뢰 형성이 저해될 것이라고 생각한다. 물론 어려움이 예상되는 것은 사실이다. 그러나 이러한 비밀유지에 관한 이러한 논의가 개방적으로 이루어지는 과정에서 미술치료가 아동의 이면의 의도, 즉 아동의 마음을 엿봄으로써 또 다른 해를 불러오기 위함이 아니라 도움이 필요한 상황을 인지하고 적절한 도움을 제공하기 위한 것임을 이해한다면 신뢰가 바탕이 된 치료관계 형성이 불가능한 것은 아니라는 점 역시 사실이다. 아동들이 부모에게 비밀을 지키고자 하는 경우는 앞서 말했듯이 불이익을 당하고 싶지 않아서이지 보호자가 자신에 대해 모르고 있기를 바래서가 아닌 것이다. 치료사 역시 내담자가 솔직하게 자신의 이야기를 할 수 있게 되기를 바라는 것이지 그로 인해 윤리적으로 적절하지 않은 행동을 하고 싶은 것은 아니다. 내담자가 자신의 이야기를 진솔하게, 진지하게 나누는 것은 치료의 기본이고 중요한 전제조건이긴 하다. 하지만 그것 역시 근본적으로는 내담자가 스스로 결정해야 하는 범위에 속하는 것이라고 생각하고 더욱이 그것이 치료사가 지켜야하는 윤리적인 지침을 혼란에 빠뜨리고서라도 얻어내야 하는 협상의 대상은 아닌 것이다. 만일 치료적 관계가 이러한 복잡한 문제를 견디어 낼 수 있을 만큼 견고하다면 보호자와 내담자의 신뢰를 손상시키지 않고도 경계를 유지하는 것이 가능한 것 역시 사실이다.

그런가하면 반대로 치료사가 여과없이 정보를 제공함으로써 내담아동의 소망을 보호자에게 전달하는 통로의 역할을 담당하게 된 경우도 있다. 내담아동이 자신이 간절하게 원하는 것이 충분히 제공되지 않았음을 치료사에게 호소하여서 치료사는 보호자에게 이러한 아동의 욕구를 전달하였는데 이러한 일이 반복되자 아동은 치료사를 보호자를 조작하고 조정하는 통로로 인식하였고 보호자는 아동과 마찬가지로 자신에게 항상 무언가 하기를 요구하는 치료사가 부담스러워졌던 경우도 있다. 이런 경우에는 치료사가 과연 아동의 행동이 무엇을 의미하는지 어떤 욕구를 반영하는지를 파악하고 그것을 치료시간에 다루었어야 할 것이다.

또는 내담아동에게는 표면적으로 비밀을 유지하는 것으로 합의하고서 치료사가 보호자에게 세션에서 얻어진 정보를 제공하는 경우까지 있기도 한데 그런 경우에는 시작부터도 신뢰를 기반으로 한다고 보기 어려우며 또한 어느 시점에서든 아동이 알게 되는 경우가 더 흔하기 때문에 현명한 방법이라고 보기는 어렵다.

보호자의 입장에서 보자면 아동이 치료시간에 한 이야기를 알 수 없다고 하면 답답하기도 하고 아동의 삶에서 자신이 배척이 되는 것 같은 두려움을 느끼기도 하며 자신이 모르는 새에 내담아동에게 문제가 생길 때 이를 처리할 수 없게 될까봐 걱정하는 경우가 많다. 또 어떤 보호자는 이런 합의를 아동에 대한 권리나 양육에 대한 책임을 치료사에게 이양한다는 의미로 받아들여 치료과정에서 방관자처럼 행동하기도 한다. 이런 예는 흔히 찾아볼 수 있는데 그만큼 이 비밀유지의 원칙을 적용하는데 있어서는 예외적인 조항도 있고 경우에 따른 여러 가진 변수가 작용하기 때문에 하나의 정답이 있는 것이 아니라 여러 경우를 예상하고 생각하여 신중하게 다루어야 함을 알려준다.

그렇기 때문에 비밀유지의 범위를 예민하게 적용시켜야 할 경우 보호자와 내담아동, 그리고 치료사 세 사람이 한 자리에 모여서 구체적인 내용을 의논하거나 합의하는 과정을 가질 것을 권하고 싶다. 여기서 다루게 될 내용은 첫 번째로 내담아동이나 보호자가 치료에 대해 가지고 있는 감정들, 그리고 비밀 유지 원칙에 대한 입장이 포함된다. 즉 내담아동이 가지고 있는 두려움과 걱정, 그리고 보호자가 가지고 있는 두려움과 염려를 공개적으로 다루고 비밀유지의 범위가 어디까지 인지 그리고 제한점은 무엇인지, 정보공개의 과정이나 형식은 어떻게 될 것인지 등을 치료 환경과 목적을 지킬 수 있는 틀 안에서 다루는 것이 좋다. 치료사는 처음에 비밀유지의 원칙이 무엇인지를 설명하고 비밀 유지의 원칙에 존재하는 예외에 대해서도 알려주어야 한다. 그 후 아동이 강하게 보호자에게 비밀을 유지하기를 원하고 보호자 역시 내담아동에 대한 정보를 원하는 경우라면 보호자가 알고 싶은 정보는 어떤 것인지를 면밀히 검토하는 것이 좋다. 단순히 내가 보호자니까 다 알아야 한다는 것이 아니라 이면의 생각을 파악한다면 합의를 이끌어 내는 것이 훨씬 수월하기 때문이다. 이런 경우 비록 이 아동이 미성년자이긴 해도 이 요구가 치료의 핵심적인 전제조건이 된다면 진지하게 의논해야 할 것이며 아동의 요구대로 치료시간에 나온 이야기를 보호자가 전해 듣지 못해도 치료를 개시할 수 있는지를 보호자와 의논한다거나 또는 현실적으로 보호자에게 공개될 가능성이 있는 내용들은 어떤 것인지를 아동에게 밝히고 이를 아동이 납득할 수 있는지도 의논할 수 있다. 때로는 보호자가 모든 이야기를 다 알고 싶어 한다면 치료사 역시 보호자에게 치료의 성격과 역할에 대해 설명하여서 보호자가 이해하여야 하는 부분이 있음을 납득시킬 필요가 있다고 본다.

정보공개의 형식에 있어서도 논의가 필요한데 나는 아동이 직접 보호자에게 사실을 이야기하게 하거나 그것이 어려우면 치료사와 동석한 자리에서 보호자에게 이야기하는 방식을 주로 권한다. 물론 치료사가 이야기를 해야 하는 경우도 있을 것이다. 그러나 이러한 방식을 권하는 이유는 혹시 치료사와 보호자가 따로 이야기를 하는 것이 아닌가 하는 내담아동의 의심을 피하고 보호자 역시 치료에서 배제되었거나 관심을 쏟지 않아도 된다는 메시지에서 벗어나며 그 과정에서 내담아동과 보호자간의 의사소통 통로도 유지될 수 있기 때문이다. 그 외에도 사례별로 상황에 맞는 여러 가지 방식을 고민해 볼 수 있을 것으로 생각한다.

보호자가 내담아동에 관해 세세한 이야기를 듣지 않더라도 아동이 치료사와 좋은 관계를 형성하고 치료사로부터 도움을 받을 수 있다는 믿음을 가지면 이러한 합의가 원활하게 이루어지기도 한다. 아동의 경우에도 마찬가지이므로 많은 치료사들이 이러한 논의를 치료 개시 후 어느 정도 관계가 형성이 된 다음으로 미루는 경향이 있기도 하다. 또는 논의과정이 심리적으로 부담이 되기도 하고 어떻게 하는 것이 좋을지 잘 모르기 때문에 그냥 넘어갔다가 나중에 문제가 생겨서야 생각해보는 경우도 많다. 그러나 이러한 의논은 치료가 개시되는 시점에서 이루어지는 것이 바람직하다. 이후 관계가 이루어진 다음에는 혹시 마음에 들지 않거나 의문이 있더라도 치료사와의 관계를 해치지는 않을까 하는 우려 때문에 솔직하게 이야기하기 보다는 치료사의 말을 수용하는 방식으로 논의가 이루어지는 경우가 많기 때문이다.

정보공개나 비밀 유지라는 개념은 하나의 정해진 방법이 있는 것이 아니라 수많은 경우의 수 만큼 상황에 따라 판단하고 결정하는 것이 매우 복잡하다. 그렇기 때문에 숙련된 치료사도 경우에 따라서는 혼란을 느끼고 판단을 내리지 못하며 실수도 하고 자문을 구해야 하는 일 중의 하나이다. 그렇기 때문에 앞에서도 설명했듯이 내담자의 권익을 보호한다는 기본 입장을 기억하고 여러 상황을 생각해보며 고민하는 수고가 필요하다. 그런 고민이 깊은 만큼 치료에 있어서는 건강한 경계를 지킬 수 있는 노하우를 알게 될 것이다.

아동뿐만 아니라 모든 내담자들의 보호자는 치료사가 파악할 수 없는 정보를 제공해주고 치료를 이끌어 나가는 협력자이다. 그리고 만일 보호자와의 관계에서 생긴 어떤 부적응적인 양상이 내담자에게 부정적인 영향을 끼치고 있을 경우 치료과정에서 이에 대한 인식과 교육이 이루어져야 한정적인 치료 경험 이후에도 적응적인 양상이 유지될 수 있기 때문에 보호자가 치료에 관심을 가지고 변화를 이끌어 낼 수 있도록 참여하는 것은 중요하다.

마지막으로 이러한 정보공개에 대한 논의가 자칫 잘못하면 치료사가 보호자와 치료에 관한 어떤 논의도 할 수 없다는 것으로 들리거나 기계적으로 되고 안 되고를 결정하는 판단의 주체로 여겨지거나 나아가 현실성 없는 이야기처럼 들리지 않기를 바란다는 점을 덧붙이고 싶다. 내가 경험한 바로는 처음에는 강하게 요구되던 비밀 유지에 대한 요구가 치료가 진행됨에 따라 자연스럽게 다루어지고 이런 과정에서 내담자도 상처받지 않고 보호자도 배제되지 않는, 진실성을 유지하는 파트너쉽으로 발전이 된 경우가 많다. 그렇기 때문에 도식적인 적용보다는 주의 깊고 사려 깊은 논의가 바탕이 된다는 것을 기억하기 바란다.

(2) 성인의 경우

치료실을 찾는 성인의 경우 보호자가 동반하는 경우도 많지만 일차적으로 자신이 치료의 개시와 프로그램 참여에 대한 결정을 내릴 수 있기 때문에 자신에 관한 정보를 누구와 공유할 것인지 결정할 수 있다면 그에 입각해서 합의가 이루어지게 될 것이다.

기본적으로 비밀 유지의 원칙은 앞에서 설명한 것과 같이 내담자가 누구에게도 치료에 관한 정보를 알리고 싶어 하지 않는다면 원칙대로 가족에게조차 비밀은 유지된다는 것이다. 그러나 절차상으로 의논할 일도 생기고 현실적으로 도움이 필요한 경우도 많기 때문에 보호자와는 정보를 공유하는 것으로 합의되는 경우가 많다. 다만 아동의 경우에서 살펴보았듯이 보호자와 내담자, 그리고 치료사가 삼각관계를 이루거나 보호자와 내담자 사이에 존재하는 갈등이나 힘겨루기 등에 개입하게 되는 경우도 있으므로 주의를 기울여야 한다. 예전에 치료실에 찾아오던 한 여성의 경우 부모님이 연로하셔서 언니가 보호자의 역할을 담당했었는데 동생의 치료 상황에 대해 세세한 정보를 요구한 적이 있었다. 그러한 정보가 왜 필요한지를 자세히 물으니 가족으로써 자세한 정보를 알고 있어야 하기 때문이라고 하였다. 그러나 그러한 정보가 가족 내 갈등상황에 있어서 내담자에게 불리하게 이용될 수 있음을 알게 되어 언니에게는 그런 우려와 함께 전반적인 의논 외에 자세한 정보 제공을 삼갔던 적이 있다. 이렇게 정보를 어느 정도로 자세하게 제공하느냐, 어떤 목적이나 의도를 가지고 제공할 것이냐, 그리고 어떤 태도나 형태로 할 것인가 하는 문제를 내담자와 의논함으로써 내담자의 의사에 반하거나 부적절한 상호작용에 휩쓸리지도 않도록 하는 것이 중요하고 앞에서 설명했듯이 보호자를 치료과정의 파트너로 삼는 방향으로 나아가야 할 것이다.

(3) 보호자 외의 다른 사람이 정보를 요구할 경우

여기서 다른 사람 혹은 제 3자라고 함은 보험회사나 학교, 직장 등을 말한다. 종종 보험금 지급이나 다른 사정에 의해서 이러한 기관에서 내담자가 치료 여부나 치료 기간 등에 대한 정보를 요구하는 경우가 있다. 그러므로 제 3자가 내담자에 대한 정보를 원하는 경우 그 정보가 어디에 필요한 것인지를 파악해야 한다. 앞에서 말한 이혼 소송 중에 있던 부모의 경우 부모라 해도 내담자의 세션 기록이 법적으로 소환되는 경우가 아니라면 그가 가진 의도로 볼 때 치료사가 정보를 제공하는 것은 적절하지 않다. 만일 내담자가 동의하는 경우에는 정보를 제공할 수 있지만 그런 경우라도 과연 내담자의 정보가 어디에 어떻게 쓰일 것인지를 파악하여 신중하게 결정하도록 한다(Corey 외, 1998).

또한 치료에 직접적으로 관여하고 있지 않은 사람과는 치료실 직원이라 할지라도 이런 정보를 공유할 필요가 없다. 기관에서 일하는 직원들은 기본적인 정보를 공유하고 접근할 수도 있다. 예를 들어 약속을 잡아주고 시간 변경 등의 연락사항을 전달하는 직원이라면 이름과 연락처 등을 알 수 있는 것이다. 그렇다고 해도 개별 세션 기록이나 전 차트를 공유할 이유는 없는 것이다. 이러한 제한을 두는 이유는 훈련받은 치료사의 경우라면 이런 정보를 신중하게 다루는 것이 중요하다는 것을 알고 예민하게 처리하겠지만 치료사가 아닌 사람들은 잘 모르기도 하고 이러한 원칙에 따르지 않아도 되기 때문이다. 그러므로 정보에 있어서는 훈련을 받은 치료사가 정보 공유의 목적이나 의도를 정확히 파악하고 절차를 따라서 공유하며 공개를 하더라도 필요한 수준 이상의 정보가 제공되지 않도록 노력해야 하는 것이다. 대부분 이러한 기관에서 요구하는 정보는 앞에서 말했듯이 치료기간이나 횟수 등의 정보가 주를 이루기 때문에 개별적인 회기 기록이나 치료장면에 대한 보고는 과다한 정보공개가 될 것이다.

(4) 집단미술치료에서의 비밀 유지

집단 세션인 경우 비밀유지의 원칙은 집단에 참여하는 모든 구성원들에게 적용된다. 집단 세션에서 각 구성원들이 한 이야기나 다룬 내용들은 집단 안에만 머무른다는 것인데 만일 이런 비밀 유지의 서약이 집단 초기에 맺어지지 않는다면 이후로의 집단 과정에서 안전감을 느끼기 쉽지 않다(Corey & Corey, 2007). 그렇지 않아도 개인과 달리 집단 치료에 참여하는 사람들은 집단이라는 특성 때문에 자신이 한 행동이나 이야기가 자기에게 불리하게 이용되지는 않을지, 다수의 다른 사람들에 의해 자신이 무력하게 조정 당하지는 않을지, 자신이 한 이야기가 집단 밖으로 나가지는 않을지 걱정하고 두려워한다. 그렇기 때문에 집단치료를 시작하는 시점에서 치료사는 적극적으로 이런 오해나 두려움을 다루고 집단 구성원들 모두에게 비밀 유지의 원칙을 강조하는 것이 중요하다(Yalom, 1995).

그런데 구성원들이 집단 밖에서도 어떤 교류를 갖고 있다면 비밀 유지의 원칙을 지키는 것이 상당히 어려워지기도 한다. 예를 들어 같은 학교에 다니는 아이들이나 같은 복지시설에 거주하는 아이들과 집단미술치료를 할 경우 학교나 시설에서 일어난 일들을 이야기하거나 같은 학교나 시설에 있지만 집단에는 참여하지 않는 다른 아이들에 대해서 언급하거나 할 때 그 일이 바깥으로 알려지지 않을 것이라고 확신하기 어려운 환경인 것이다. 그렇기 때문에 만일 이런 비밀 유지에 대한 강조가 이루어지지 않으면 집단에 참여하는 구성원들이 이야기를 하는데 위축되거나 솔직하지 않을 수 있다. 실제로 아무리 집단의 치료사가 비밀 유지를 강조하고 이해시키려고 노력을 해도 밖에서 이야기되는 것들이 있기도 한데 만일 그 정도가 심하다면 그 집단은 더 이상 치료 집단으로서의 기능을 하지 못할 것이다. 그러므로 집단에 참여한 구성원들에게 도식적으로 모든 이야기를 하지 않아야 한다는 것만 강조하기 보다는 현실적으로 왜 비밀 유지가 필요한 것인지 그리고 자신의 어떤 태도가 비밀유지 원칙에 어긋나는 것인지 등을 이해할 수 있는 수준에 맞춰서 납득시킴으로써 비밀을 유지할 수 있도록 적극적으로 노력해야 한다.

이런 노력의 하나로 다음에 다룰 비밀 유지 원칙의 제한적인 경우를 제외하고는 치료사 스스로가 비밀을 지키는 모델 역할을 할 수 있다. 예를 들어 위에서 말한 집단 구성원들의 부모들과 상담을 한다고 생각해 보자. 이 때 아이들과 부모님이 모두 한데 모여 있는 곳에서 아이들의 집단이 어떻게 진행되고 있는지에 대해서 이야기를 할 기회가 생긴다면 그 때 할 수 있는 얘기와 개별적으로 만나서 할 수 있는 이야기를 구분할 수 있어야 한다는 것이다. 집단의 특성에 따라서 그 경계가 다양하겠지만 그럼에도 불구하고 개별적으로 다루어야 하는 내용을 다른 구성원이나 부모님들이 함께 한 자리에서 마치 제 3자 이야기하듯이 이야기하거나 한 아이의 일을 다른 아동의 부모님까지 구체적으로 알도록 하는 것은 비밀유지라는 측면에서 좋은 본보기라고 볼 수 없다.

(5) 미술치료시간에 제작된 작품의 전시

미술치료시간에 제작된 작품은 내담자들이 이야기하는 내용과 같이 중요하다. 작품 안에 내담자의 감정과 생각, 환상과 혼란 등이 고스란히 담겨있기 때문이다. 그렇기 때문에 미술치료에서 정보 공개나 비밀 유지를 말할 때는 미술치료 시간에 제작한 미술작품을 빼놓고 말할 수는 없다. 작품은 논문이나 책에도 담기고 전시나 홍보물 등에도 실리게 되는데 이러한 작품이 엄격한 절차나 고민 없이 다소 가볍게 다루어지고 있는 점도 간과할 수는 없다.

근래에 미술치료 시간에 제작된 내담자들의 작품을 전시하는 전시회가 많아지고 있음을 볼 수 있다. 이런 경우에도 비밀 유지의 원칙은 세심하게 검토되어야 한다. 전시를 통해 대중에게 공개되는 작품은 내담자가 전시를 목적으로 하여 따로 제작한 작품이 아닌 바에야 내담자의 치료과정에서의 이야기가 담겨있는 작품일 가능성이 크다. 그래서 내담자의 동의 없이는 불가능하고 또 동의가 있었더라도 전시의 형태에 대해서도 많은 고민을 해야 하는, 간단치 않은 작업이다(AATA, 2009). 예를 들어 미술 작가들의 전시회에서도 그렇듯이 전시를 할 때는 작가나 작품에 대한 설명이 어느 정도 제공된다. 미술작가들의 경우에도 어느 정도의 설명을 넣을 것인지는 전적으로 작가에게 달려 있듯이 내담자와 내담자의 작품에 대한 소개는 내담자와의 협의를 통해서 이루어져야 하고 이야기 거리나 흥밋거리로 취급되지 않도록 주의를 기울여야 한다. 치료실에서 만나게 되는 내담자들의 경우 다른 모든 개인의 삶이 그러하듯이 여러 가지 삶의 굴곡이나 이슈를 가지고 있는 경우가 많다. 그런데도 내담자라는 이유로 이런 이야기들이 사람들의 호기심을 자극하고 그러한 정보를 통해 왜곡된 인식을 갖게 되는 경우가 있기 때문에 주의를 기울여야 하는 것이다. 예를 들어 사람들은 모든 경우가 그렇지 않은데도 불구하고 부모나 주변 환경이 정신장애나 심리적인 어려움, 성격적인 특징의 원인이 된다고 생각하는 경향이 짙다. 그렇기 때문에 내담자가 가진 현재의 상태를 보고 그 내담자 개인의 역사를 보고 들음으로써 바로 원인-결과의 대응을 이루어내는, 즉 '그러니까 이렇구나' 하고 추정하는 오류를 범하게 되는 경우도 있다는 것이다. 그렇기 때문에 비록 내담자가 동의하고 자신에 대한 이야기를 공유하기 원하더라도 앞서 말한 대로 그런 정보의 공개를 통해서 내담자가 받을 수도 있는 잠재적인 불이익이나 불편함은 없는지, 병이나 장애에 연관된 편견을 형성할 가능성은 없는지 등을 검토하여 공개의 수준을 결정하도록 한다.

그런데 대부분의 내담자는 전시를 해 본 적이 없어서 어떤 절차나 형태로 이루어지는 지를 가늠하기가 어렵다. 그러므로 전시를 기획하거나 적어도 기획을 이해하는 치료사가 내담자의 입장에서 권익을 보호받고 사생활을 존중받을 수 있도록 적극적으로 노력함으로써 전시가 가진 본래의 공익적인 목적이 훼손되지 않도록 한다. 그러기 위해서는 전시를 위한 세부적인 항목이 명시된 동의서를 작성하고 오프닝 행사, 홍보 활동, 인터뷰 등 전시와 관련된 다양한 활동에 내담자가 어떤 형식으로 참여할 것인지를 의논하며 작품의 설치, 보관이나 처리, 관리에 대한 문제를 협의해야 한다. 이에 관한 양식은 다음 동의서 부분에서 찾아볼 수 있다.

전시회까지는 아니더라도 미술치료에서는 치료실이나 기관 내에서 내담자의 작품을 전시해 놓거나 홍보물, 출판물이나 논문에 내담자의 미술작품을 싣는 경우에도 세심한 주의가 필요하다. 작품을 익명으로 별다른 설명 없이 공개하는 것은 내담자의 사적 정보를 밝히는 것보다는 덜 심각한 일이라고 생각하는 미술치료사도 있어서 기관이나 병원복도에 내담자의 작품을 이용해 환경을 꾸미거나 홍보를 위한 시각적인 결과물로 사용하는 경우도 있다. 그런데 내담자들이 이 그림들 역시 자신의 사적 영역에 속하는 정보라고 생각한다면 상황은 달라진다. 자신이 알지도 못하는 사이에 복도나 병원을 소개하는 홍보물에 공개된 그림을 보았을 때는 당혹감을 느끼는 경우가 많다. 어떤 의미에서 보면 이야기가 공개된 경우에는 사람들의 삶에서 일어나는 에피소드는 유사한 부분이 많아서 그런가보다 하는 경우도 많은 데 비해 자신이 그린 그림이나 만든 미술작품은 어디에도 없는 유일무이한 얼굴과도 같기 때문에 더욱 더 당혹감을 느낄 지도 모른다. 실지로 자신이 미술치료 시간에 그린 그림을 예상하지 못한 곳에서 발견한 뒤 치료사와 기관을 향해 화를 내고 실망하고 상처받는 내담자들을 많이 보았다. 기관에서는 미술치료가 다른 치료들에 비해 가시적인 결과물인 작품이 존재하기 때문에 더 호감을 가지고 지원하며 홍보적으로도 높은 효과를 가진다고 생각하는 경우가 많다. 그러므로 그 가운데서 미술치료사들은 미술작품을 다룸에 있어서 세심하게 판단하고 신중을 기함으로써 작품과 내담자를 존중하면서도 미술치료가 가진 장점을 잘 살리도록 하여야 할 것이다.

비밀 유지 원칙의 예외

치료에서는 치료시간에 나눈 모든 이야기가 비밀로 지켜져야 한다는 것이 원칙이지만 적용에 있어서는 다소 복잡한 문제들이 존재한다. 단적으로 만일 모든 치료사가 자신의 내담자 이야기를 아무에게도 하지 않아야 한다면 수퍼비젼이나 자문 역시 불가능하기 때문이다. 수퍼비젼이나 자문이 불가능한 경우 자칫 잘못하면 치료사가 부적절하게 행동하거나 내담자를 적절하게 도와주지 못하고 있을 때 그것을 모니터하거나 도움을 줄 수 있는 통로가 없어지는 것이기 때문에 내담자의 권익을 보호하기 위해 정한 이 원칙의 원래 취지에도 위배된다. 그렇기 때문에 이렇게 내담자에게 적절한 치료 서비스를 제공하기 위한 목적으로 치료사가 다른 전문가나 동료들에게 직업적 자문을 구하거나 수퍼비젼을 받거나 다른 치료 팀과 정보를 공유할 경우 또는 논문이나 저서 출판, 강의, 전시 등의 학술적인 목적, 그리고 유관기관과의 협의 등 필요한 경우에 있어서의 정보공개는 내담자가 사실을 인지하고 동의한 전제하에, 가명이나 정보 제한 등의 적절한 형태로 이루어질 수 있다. 그러나 비밀 유지의 원칙에는 이러한 내담자의 동의 없이도 정보가 공개될 수 있는, 예외적인 경우가 존재하는데 그 경우를 정리하면 다음과 같다(Corey 외, 1998).

- 내담자가 자살이나 자해 등을 생각하고 있을 경우
- 내담자가 다른 사람이나 기물에 심각한 해를 끼칠 것으로 판단되는 경우
- 내담자가 범죄를 행할 의도를 공개한 경우
- 아동이나 노인 또는 입원 환자나 기관에 있는 내담자들이 방치되거나 학대받는다고 의심되는 경우
- 법원으로부터 정보 공개를 요구받을 경우

이외에도 치료 기관에서 치료사와 사무직원 등 실무담당자가 내담자의 정보를 다루게 되거나 치료비를 내는 주체가 다른 경우 제한적인 정보공개가 이루어지는 셈이긴 한데 다시 정리하자면 크게 내담자가 자신이나 혹은 타인에게 심각한 해를 끼칠 위험이 있을 경우, 법적으로 요구를 받을 경우, 그리고 학대 사실을 알게 된 경우에는 내담자의 정보가 내담자의 의사에 반해서도 제한적으로 공개될 수 있다는 것이다. 여기서 치료사들이 잊지 말아야 할 것은 이런 예외 조항 역시 표면적으로는 내담자의 의사에 반하는 것 같이 보이지만 결국은 내담자를 보호하기 위한 목적을 가진다는 점이다.

우선 내담자가 자살이나 자해를 할 가능성이 높은 경우를 생각해 보자. 자살에 대해서 끊임없이 생각하고 나아가 구체적인 방법과 도구에 관심을 보이는 내담자가 있다면 비록 치료를 받고 있더라도 치료 시간 이외의 많은 시간에 위험에 노출되어 있는 것과도 같을 수 있다. 그 위험이 현실적으로 심각하다고 판단되는 경우에

는 내담자가 원하지 않는 경우라도 내담자의 보호자나 가족, 친지에게 내담자의 상황에 대해 알릴 수 있다는 것이다. 그래서 치료사를 포함하여 주변에서 자살 사고나 충동이 가라앉을 때까지 24시간 주의를 기울이며 보호하여야 하는데 문제는 그것이 현실적으로 가능하지 않을 수도 있다는 것이다. 그래서 자살을 감행할 수 있는 도구나 환경으로부터 내담자를 분리시키고 충동과 사고에 대해 집중적으로 다룸으로써 자살을 방지하기 위해 내담자를 안전한 곳에 입원시키는 것이 한 방법일 수 있다. 내담자나 보호자 모두에게 입원은 쉽지 않은 결정이고 인권을 존중하기 위해 전문가의 의견이나 결정을 검토할 수 있는 안전장치 등이 마련되어 있는데 이를 통해 입원이 내담자에게 이득이라고 판단된다면 내담자의 의사에 반하더라도 위의 사유로 입원이 가능하다. 이외에도 내담자의 자살이나 자해 시도를 알게 된 경우 치료사가 자살이나 자해를 막기 위해 관할 경찰서나 구급대에 내담자에 대한 정보를 제공하게 되는 경우도 있는데 이런 모든 경우에서 정보의 공개는 결국 내담자를 보호하기 위한 목적을 갖는 것이다. 그렇기 때문에 공개되는 정보 역시 피해를 줄이기 위해 필요한 가장 최소한의 정보만을 제공한다. 예를 들어 위의 경우 내담자의 자살에 대한 생각이나 충동, 양상, 혹은 내담자가 집이나 현재 위치 등에 대한 정보만을 공유하는 것으로 정보공개의 목적이 달성될 수 있다. 그 때 개별 세션에서 다룬 내용들을 상세하게 제공하거나 다른 사적인 정보까지 공유할 필요는 없다(Corey 외, 1998).

참고자료 1. 자살

자살

1. 자살은 다음과 같이 나눌 수 있다.

(1) 자살 생각: 자살을 하고 싶다는 생각.

- 소극적 생각: 현실의 상황이 불만족스럽다는 의미로 살기 싫다는 수준. 종종 자신은 가만히 있는데 위에서 벽돌이 떨어지거나 지나가던 차가 자기에게 돌진했으면 하거나 잠들면서 그냥 이대로 평생 잠이 들었으면 하는 생각을 한다.
- 적극적 생각: 스트레스를 유발하는 위협요소로부터 적극적으로 탈피하기 위한 자살생각으로 자살이 어떨지 어떤 방법 등이 있는지 등을 생각한다.

(2) 자살 제스츄어: 자살 생각을 가지고 있다는 점을 주위 사람들에게 알리고 이로부터 얻고자 하는 2차적 목적이 있는 경우로 시도 자체가 목적이 된다. 예를 들어 충분하지 않은 분량의 약을 먹는다거나 발견되기 쉬운 시간이나 환경에서 자살을 시도하는 것 등을 말하는데 자살을 시도한 사람들 중에는 언젠가는 자살에 성공할 가능성이 높으므로 반복되는 시도라 하더라도 주의를 기울이는 것이 중요하다.

(3) 자살 성공

2. 자살의 위험도 측정

과거에 자살 시도가 있었고, 그 때 사용한 방법이 구체적이고 확고하며, 육체적 · 정신적인 건강 상태가 나쁘거나, 일상생활에서 주변과의 교류가 없이 고립되어 있고, 자원도 부족하며, 현재 스트레스 요인이 존재하는 경우 자살을 할 가능성이 그렇지 않은 사람들에 비해 높다고 할 수 있다. 그러나 이러한 표면적인 요인 외에 여러 요인이 영향을 미치므로 위험도를 측정하기 위한 다각적인 접근이 요구된다.

3. 자살을 방지하기 위한 방법

(1) 치료사 자신의 점검

- 치료사가 자살에 대해 갖고 있는 가치관과 선입견 등을 점검한다.
- 이런 이슈를 가진 내담자와 일하는 것이 얼마나 힘들고 개인적으로 많은 책임감을 요구하는지 이해한다.
- 정기적으로 전문가나 동료에게 자문을 구한다.
- 자살에 대한 이론을 연구하고 대처방법 등을 익힌다.
- 치료사로서 자신의 책임과 능력의 한계를 분명히 밝힌다. 즉 현재 능력이나 위치에서 이런 이슈를 가진 내담자를 다룰 수 있는지 그 책임과 능력에 대해서 기관의 책임자와 명백히 결정한다.

(2) 치료적 접근

- 자살 생각에 접근하기 위한 평가적 질문을 통해 내담자가 자살을 얼마나 절실히 그리고 구체적으로 생각하는지를 파악한다.

- 의도적이든 아니든 간에 어떤 경우라도 자살을 하지 않겠다는 약속을 하도록 유도한다.
- 치료사가 부재중이거나 응급시 구급대나 생명의 전화 같이 도움을 받을 수 있는 연락처를 내담자에게 알려준다.
- 손쉽게 자살 도구를 구할 수 없도록 환경을 정리한다. 위험한 도구나 무기는 다른 곳으로 치운다.
- 세션의 빈도를 증가시킨다.
- 입원을 결정할 때는 장단점을 잘 고려한다.
- 이 문제에 관한 치료사의 의견을 명료하고 단호하게 내담자에게 전달하고 자살 생각이나 시도가 치료사를 조절하기 위한 위협으로 사용되지 않도록 한다.
- 내담자의 강점을 부각시키고 내담자의 살고자 하는 의지를 다룬다.
- 현실적인 희망에 대해 다룬다.
- 내담자에게 치료사를 포함하여 주변 가족과 친구로 이루어진 지지적인 환경을 제공하도록 노력한다.
- 내담자의 자살 문제를 회피하지 않는다. 그런다면 내담자는 자신이 이해받지 못한다고 느낄 수 있다. 만일 자살에 기계적으로 접근한다면 이 역시 내담자에게 거부감을 느끼게 할 수 있다. 그러므로 내담자를 염려하는 치료사의 마음이 전달되도록 한다.

두 번째로 내담자가 다른 사람이나 기물에 심각할 해를 끼칠 것으로 판단되는 경우나 혹은 범죄를 행할 의도를 공지하거나 했을 때 치료사가 어떻게 할 수 있는지를 살펴보도록 하자.

1969년 미국 캘리포니아에서는 한 대학의 학생 건강 서비스에서 상담을 받고 있던 Prosenjit Poddar라는 학생이 Tarasoff라는 이름의 여성을 살해한 사건이 일어났다. 이 내담자는 평소 자신의 상담자에게 이런 의사를 밝혔고 위험성을 감지한 상담자가 학교 당국과 경찰에 이 사실을 알리고 Poddar를 병원으로 데려가거나 주의 관찰 하에 두어야 함을 주장하였지만 정작 Poddar를 면담한 학교 관계자는 Poddar가 충분히 이성적으로 판단할 수 있으며 Tarasoff를 위협하지 않을 것이라고 약속했다며 그를 풀어주었다. 그리고 나서 얼마 후에 Poddar는 Tarasoff를 살해한 것이다. 1976년 캘리포니아 주 대법원은 대학 당국을 향한 소송에서 Tarasoff 부모의 손을 들어 잠재적인 피해자를 향한 위협을 경고하지 않은 것은 직업적으로 무책임한 행동임을 판결했다. 그러면서 법원은 내담자에 대한 비밀 유지의 원칙이 공공의 복지와 안전에 위배된다면 상담자가 이를 지키지 않아도 된다는 것을 명시했다. 비록 캘리포니아 주에 해당하는 것이기는 해도 이 판결에서 법원은 치료사나 상담자가 제3자를 위험스러운 내담자로부터 보호할 의무가 있음을 밝힌 것이다. 이는 치료사나 상담자가 폭력적인 행동이나 잠재적인 희생자를 정확히 예측해내야 한다는 것을 의미한다기보다는 그런 사실을 알게 되었을 때 적극적으로 잠재적 희생자를 보호하려고 하는 노력을 기울여야 한다는 의미이다. 이 일을 계기로 미국 사회 내에서는 여러 가지 논의가 이루어졌고 치료사가 자신의 내담자에 대해 윤리적이고 법적인 책임이 있는 것과 마찬가지로 사회에 대한 책임도 있음에 공감하게 되었다(Corey 외, 1998).

비록 다른 나라에서 생긴 일이기는 해도 정도는 다를지언정 충분히 가능한 일이기 때문에 치료사들이 이 점에 대해 심각하게 생각하고 공부하며 어떻게 대처해야 할 것인지 알고 있는 것이 중요하다. 핵심은 만일 내담자가 어떤 사람을 향해 분노나 적대감을 표현하는 것 이상으로 폭력적인 행동을 할 가능성이 충분히 현실적이라면 그 대상에게 위험을 경고하기 위해 내담자와의 비밀 유지 원칙이 깨어질 수 있다는 것이다. 그런데 만일 치료사가 어떤 사람에게 전화를 걸어 아무개가 치료 시간에 당신에 대해 이러한 위협을 하였는데 충분히 가능성이 있으니 조심하라고 이야기한다면 그 사람이 어떤 반응을 보일 것인가. 이 글을 읽는 여러분들도 매우 현실감 없는 일이라고 생각할 것이다. 이런 경고는 지역 내 경찰이나 지구대와의 연계도 이루어져야 할 경우도 있는데 이 역시 현실적이지 않다. 그러므로 대신 이런 행동을 함으로써 법적으로 윤리적으로 돌이킬 수 없는 책임을 지는 상황에 빠지지 않도록 자신의 내담자를 보호의 대상으로 삼는 것이 더 현실적이라고 생각한다. 내담자가 지목한 잠재적인 희생자와의 접촉 기회를 차단하고 내담자의 충동이나 감정을 다스릴 수 있는 방법을 제시하여서 더 이상의 위험을 줄이는 것이 중요하다. 이런 원칙하에 내담자의 개별적인 상황에 비추어 현실적인 대처방안을 마련할 수 있을 것이다.

예전에 충동적이고 화를 조절하지 못해서 주변 사람들과 다툼이 잦고 법적으로도 곤란한 일을 종종 겪었던 내담자가 있었다. 그러던 어느 날 난처한 일이 생겼는데 그것이 이웃집 여성이 자신을 함정에 빠트렸기 때문이라고 생각하여 매우 화를 냈다. 그래서 어떻게 하고 싶은지를 묻자 그 여성을 만나면 폭력을 가할 것이라고 말하는 것이었다. 그 내용과 강도가 매우 구체적이고 강하였기 때문에 내담자를 안정시키고 그런 행동을 하였을 경우 앞서 경험한 법적인 문제를 다시 경험할 수 있다는 점을 주지하였다. 다시 곤란한 상황을 겪고 싶지 않았던 내담자는 폭력적인 행동을 하면 안 된다는 것은 이해했으나 자신이 충동적으로 행동할까봐 걱정을 하게 되었다. 그래서 그런 격한 감정이 가라앉을 때까지 며칠 동안이고 집밖으로의 외출을 삼가고 길을 갈 때도 그 집 앞을 피하여 될 수 있으면 마주칠 수 있는 기회를 줄였는데 이후 감정이 가라앉은 후 그 사실에 대해 다룰 수 있었다.

그런가하면 내담자가 명백한 위험을 가진 법정 전염성 질병을 가지고 있는데 이에 대한 보호조치를 취하지 않은 채 전파시키고 있다면 위의 경우에 해당한다고 본다. 그러나 이것이 잘못하면 내담자가 질병을 가진 이유로 받게 되는 차별적 대우의 하나가 될 수도 있다는 의견을 제시하는 학자들도 있으므로 이의 대처에는 전염의 위험도나 명백함, 위급성, 질병의 심각성, 내담자의 해결 의지 등을 면밀히 검토하여 결정하도록 한다. 그러기 위해서는 치료사부터 내담자가 가진 질병의 특성이나 사회적 인식, 법적인 절차

등에 대해 공부해야 한다. 만일 불특정 다수를 향한 내담자의 행동은 위험고지의 대상이 없는 것이나 마찬가지이므로 내담자에게 다른 사람을 보호하기 위해 본인이 지켜야 할 수칙 등에 대한 합의를 이끌어 내는 것이 매우 중요하다.

세 번째로 아동이나 노인 또는 입원 환자나 기관에 있는 내담자들이 방치되거나 학대받는다고 의심이 될 경우 이를 상급자나 상급기관에 고지함으로써 더 이상의 폭력이나 학대가 이루어지지 않도록 해야 한다. 우리나라에서는 현재 가정폭력방지법과 아동학대방지법, 정신보건법에 의거하여 보호를 받을 수 있는 절차가 명시되어 있으므로 치료사들이 절차에 따라 일을 처리할 수 있도록 이러한 조항에 대해 숙지하는 것이 필요한데 종종 이러한 판단을 내리는 것이 명확하지 않을 수도 있으므로 전문가와의 자문이나 수퍼비전을 이용하는 것이 좋다.

그러므로 비밀 유지에 관한 내용을 다룰 때는 다음과 같은 점을 명심하도록 한다.

첫째, 비밀 유지의 원칙에는 위와 같은 제한점이 존재한다는 것을 처음부터 명시하고 내담자가 이해할 수 있는 언어로 설명하여야 한다. 이 때 비밀유지의 제한이 앞서 말한 대로 궁극적으로는 내담자의 권익 보호를 위해서라는 것을 주지시킴으로써 신뢰를 기반으로 하는 치료적 관계 형성의 방해요소가 아니라는 것을 설명한다.

둘째, 동의서를 작성한다. 동의서는 다음 절에서 설명할 예정이다.

셋째, 세션 기록에 비밀 유지의 원칙, 제한점에 대해 이야기 나누었음을 명시한다. 또한 정보공개의 상황이 생겼을 때도 항상 기록에 남기고 따른 절차가 있으면 이 역시 기록한다. 이는 치료사가 적절하게 행동했는지를 판단해야 할 순간에 중요한 기록이 되기 때문이다.

넷째, 매순간 명확한 판단을 내리기 어려운 경우가 많은 이슈이므로 자문을 구하거나 수퍼비전을 받을 수 있는 네트워크를 구축해 놓는 것이 중요하다.

다섯 째, 만일 비밀 유지 원칙에서 실수가 있다면 그리고 같은 실수를 반복한다면 단순히 부주의 한 것만은 아닐 수 있으므로 치료사 개인의 어떤 욕구나 성향이 이러한 실수를 반복하게 하는지에 대한 면밀한 검토가 보다 근원적인 해결책이 될 것이다.

정보 공개시의 태도

마지막으로 동의서에 입각해서 그리고 비밀유지의 원칙에 따라 내담자의 정보를 적절한 형태로 공개한다고 해도 모든 면에서 내담자의 인권을 존중하고 사생활을 침해하지 않도록 유의하여야 함을 강조하고 싶다.

한 실습생이 학교 친구와 커피샵에서 만났다. 만나자마자 늘 그렇듯이 자신들이 만나는 내담자에 대한 이야기를 하였다. 그날은 특히 방금 전 세션에서 알게 된 내담자의 이전 성폭행 경험에 대해

주로 이야기를 하였는데 한참을 이런 저런 이야기를 나누다가 문득 고개를 들어보니 주변에 있던 사람들이 자신들의 이야기를 주의 깊게 듣고 있었던 것을 알아차리게 되었다. 대부분의 이야기는 세션에서 자신이 얼마나 화가 나고 괴로웠는지 그리고 과연 이 일을 계속할 수 있을지 고민이 된다는 내용이었지만 그럼에도 불구하고 전혀 그럴 의도는 없었지만 내담자의 이야기를 가십처럼 여겨 흥미로운 이야기 다루듯 한 것은 아닌가 하는 생각에 그 후로도 아주 오랫동안 죄책감에 괴로워했다.

나를 포함해서, 이 실습생과 같은 경험을 한 치료사들이 많을 것이다. 종종 수퍼비젼이라든가 연구라던가 직업적인 고민이나 인간 전반에 대한 반성이라는 타이틀 끝에 붙여내는 내담자의 이야기가 이러한 목적을 수행하고도 남을 만큼 과하게 이루어진 적은 없는지 스스로에게 한 번 물어보자. 사례 발표 시 내담자 자체에 대한 이해나 실제 세션 내용에 대한 보고에 비해 내담자 주변의 부적응적인 환경에 대한 탐색이나 보고를 지나치게 자세하게 하는 치료사들을 볼 때가 있는데 그런 태도의 이면에는 치료사 개인의 호기심이나 관심, 혹은 흥미가 관여하고 있는 것은 아닌지 의심이 되는 경우도 있다. 물론 이런 자신의 행동이 잡담이나 수다가 아니라 진지한 공부이고 사례 연구라고 주장할 지도 모르겠다. 앞서 말한 실습생의 경우에도 동료와 나누는 이런 이야기가 동료끼리의 수퍼비젼이라고 생각하고 있었다. 그러므로 내담자에 대해 보고하고 이야기 나누는 것이 과연 적절한 장소에서 적절한 주의와 함께 적절한 형태로 이루어졌는지는 그리고 그런 과정에서 수퍼비젼처럼 내담자에 대한 새로운 이해와 치료사로서의 자기 점검이 이루어졌는지 다각도로 검토해 보지 않는다면 허울 좋은 잡담이 될 가능성이 농후하다. 어떤 치료사도 비록 의도하지는 않았더라도 자신이 내담자의 안타까운 현실을 흥미 위주의 이야기 거리로 다루었다는 생각을 하면 스스로 치료사로서의 자질이 없다고 생각하고 죄책감을 가질 것이기 때문에 이런 실수는 한 두 번으로도 족하다.

동의서에 입각한 출판이나 논문 작성, 학회 발표 등에서도 이러한 태도가 요구되는데 치료사는 자신의 내담자 혹은 내담자의 보호자도 언제든지 이러한 자료에 접근할 수 있다는 점을 기억하여야 한다. 현장에서 보면 예전보다 더 많은 수의 내담자나 보호자들이 자신 혹은 자신의 아이가 가지고 있는 이슈나 병, 장애에 대해 관심을 가지고 관련된 자료를 적극적으로 찾아본다. 그래서 자신이나 자신의 아이를 참여자로 하여 작성된 논문을 찾아 읽기도 하고 치료사가 하는 강의나 학회 발표를 들으러 가기도 한다. 예전의 내담자나 보호자가 미술치료 공부를 시작하는 경우도 심심치 않게 볼 수 있다. 그런 경우의 수를 생각해보아도 내담자에 대한 기술에 적절한 형태가 있어야 한다는 사실에는 의문의 여지가 없다.

또 책으로 엮는다거나 TV나 라디오, 인터넷 등 전파력이 강한 매체에 내담자의 사례를 소개한다거나 하는 경우에 이전에 동의서를 받았더라도 미리 내담자에게 어떤 맥락에서 내담자의 사례를 소개하게 되는지를 설명하는 것은 어떠한지 생각해 보기 바란다. 만일 내가 내담자이고 치료사와의 신뢰관계가 구축되어 있다면 동의서에 서명을 할 때 이미 정보 공개시의 취지나 목적을 이해하였으므로 치료사가 새삼 내 이야기를 한다고 할 때 하지 말라고 동의를 철회하지는 않을 것이다. 그런데 치료사가 사례집을 엮으면서 내게 그 사실을 알려주고 전반적으로 어떤 내용으로 기술될 것인지 설명해준다면 내가 존중받고 있다는 것을 느끼고 치료사에 대한 신뢰도 깊어질 것으로 본다. 이런 작업이 치료사들에게 두려움을 주는 것도 사실이고 현실적으로 불가능한 경우도 있다. 그럼에도 불구하고 이런 가능성을 적극적으로 탐구하는 것이 치료사가 내담자를 존중하고 예의를 갖추는 길이라고 생각하기 때문에 소개한다.

이렇게 정보 공개 시에도 적절한 태도를 갖추어야 함을 강조하는 것이 자칫 사실을 호도하고 내담자가 듣고 싶어 하거나 듣기 좋은 말을 하라는 것은 아님을 덧붙이고 싶다.

3. 동의서 : Consent Form

동의서는 다음의 두 가지로 나누어 볼 수 있다. 첫째로는 내담자가 기관이나 치료실에 찾아와서 치료를 개시할 때 작성하게 되는 동의서로 치료에 동의하고 치료 과정에 적극적으로, 성실하게 참여 하겠다는 내용이 담겨있다. 두 번째로는 정보사용 및 미술 작품 사용 동의서라고 할 수 있는데 치료 과정에서 알게 된 내담자에 관한 정보나 미술 작품을 특정한 목적이나 조건 하에서 치료사가 사용할 수 있음을 내담자가 허가하는 동의서를 말한다.

보통 치료 개시시 기관에서 받는 동의서에 이런 정보사용에 관한 내용이 포함되는 경우도 있으나 미술치료의 경우 앞에 설명한 대로 자칫 예민할 수 있는 미술작품의 공개가 포함되므로 미술치료 세션에 관한 동의서를 따로 작성하는 것이 좋다. 그리고 내담자의 권리에서도 설명하였듯이 내담자가 정보사용을 동의하지 않는 경우에라도 치료는 개시될 수 있으나 내담자에게서 동의를 받지 못한 사례는 사용하지 못하고 초기에 동의를 하였더라도 나중에 동의를 철회할 수 있음도 주지하고 있어야 한다.

동의서는 내담자가 자신이 동의하는 내용을 인지하고 자발적으로 동의하여야 효력이 발생하고 법적으로 대리인이 있거나 미성년자인 경우 법적 대리인이나 부모, 친권자 등의 보호자가 서명하여야 한다. 서면으로 작성된 동의서를 우선으로 하나 구두로 동의한 뒤 이를 세션 기록에 남기기도 한다(Spaniol, 1994).

다음은 서면 동의서에 포함되는 내용들을 정리한 것으로 기본적으로 다음과 같은 내용이 포함되어 있다(Corey 외, 1998).

- 정보 공개에 대해 다루고 결정한 날짜
- 치료사와 내담자의 이름, 서명. 필요한 경우 증인의 서명
- 제공되는 치료방법에 대한 기술
- 비밀 유지와 이의 제한점
- 내담자의 정보가 공개되는 정확한 목적. 경우에 따라서 정보사용기간
- 내담자의 정보 수집 형태: 녹음, 사진 촬영, 원화, 비디오 촬영 등

- 내담자가 동의서의 개념과 내용을 충분히 이해하고 있다는 사실을 증명하는 문장
- 내담자가 치료를 그만 두거나 언제라도 동의를 거둘 수 있다는 내용의 문장

이외에도 치료의 이점과 잠재적인 위험, 치료사의 이론적 배경이나 훈련 배경, 치료사의 원칙이나 치료과정에 대한 일반적인 정보가 포함되기도 하는데 너무 많은 내용이 담긴다면 오히려 이해를 어렵게 하므로 구두로 설명하기도 한다.

기관마다 정해놓고 사용하는 동의서 양식이 존재하겠지만 만일 새로운 양식을 만들게 될 경우에는 위의 내용들을 참고하도록 한다. 그 때 동의를 하는 주체, 즉 내담자와 사용자, 즉 미술치료사나 기관이 한 동의서 안에서 명확하여야 하고 작품의 사용목적이나 정보수집 형태에 대한 정보가 명료하도록 주의를 기울이는 것이 중요하다. 다음에 제시하는 동의서 양식은 내가 사용하는 것으로 양식 1은 치료 개시 시에 사용하는 동의서이다.

참고자료 2. 동의서 양식의 예 1.

미술 작품 및 정보사용 동의서

본인 (내담자 이름) 은(는) 미술치료 기간 동안 제작한 작품의 사진 촬영을 허가하고 이 사진들과 관련된 정보를 다음과 같은 목적으로 미술치료사 (미술치료사 이름) 이(가) 사용하는 것에 동의합니다. 경우에 따라서는 미술치료 시간의 비디오 촬영 및 녹음이 포함될 수 있으며 그런 경우 치료사가 사전에 이 사실을 통보할 것을 알고 있습니다.

본인의 작품이 사용되는 목적은 다음으로 제한합니다.

□ 치료팀과의 치료 계획의 논의 및 자문, 수퍼비젼의 목적

□ 논문, 강의, 학회 발표 등의 교육적인 목적

□ 인터넷을 통한 교육 및 홍보의 목적

□ 출판

또한 모든 경우에 본인의 이름 및 개인적 사항이 충분히 보호되며 본인의 의사에 따라서 동의사항이 변화하거나 철회될 수 있음을 이해합니다.

내담자 이름 ____________________ 서명 ____________

보호자 이름 ____________________ 서명 ____________

사용자 이름 ____________________ 서명 ____________

작성일 ______ 년 ______ 월 ______ 일

다음은 예전에 진행한 미술치료 전시 때 사용하였던 동의서로 내담자의 작품 전시를 미술치료사가 위임받아 진행하는 형태로 이루어졌다. 여기에는 전시에 관련된 구체적인 정보와 여러 활동에의 참여 형태, 전시 내용에 대한 논의 등이 명시되어 있다.

참고자료 3. 동의서 양식의 예 2.

미술 작품 및 정보사용 동의서

본인 (내담자 성명) 은(는) 미술치료사 (미술치료사 이름) 이(가) 본인의 작품과 작품에 관계된 정보를 다음의 전시를 위하여 사용하는 것에 동의합니다. 또한 전시된 작품의 사신이 선시틀 위한 사진 및 비디오, 출판, 홍보물 자료에 게재되는 것을 허락합니다.

전시명 : "제 2의 정체성"

전시일정 : 2005년 8월 12일 - 8월 27일

전시장소 : 스페이스 셀(space CELL).

본인은 작품 및 정보를 이용하는데 있어서 본인의 선택에 따라 가명 혹은 익명으로 기재되고 개인의 사적 정보가 보호될 것이며, 작품 전시에 필요한 정보는 미술치료사와 논의할 기회를 가질 것을 알고 있습니다.

다음 사항에 동의합니다(동의하는 항목에 V 표시를 해주십시오).

□ 작품의 설치나 철수는 미술치료사가 담당하며 일정은 합의하도록 한다.

□ 본인은 전시와 관련되어 인터뷰나 발표에 참가할 의사가 있다.

□ 본인 작품의 사진이 일간지나 미술 관련 잡지 등 미디어에 실리는 것에 동의한다.

본인은 위의 사항을 숙지하고 있으며 동의하는 바입니다.

일 시 ____________

동의자(내담자) 서명 ____________

보호자 서명 ____________

사용자(미술치료사) 서명 ____________

제2장

세션 관찰 및 기록 : Process Notation

1. 관찰 및 세션 일지의 형태

미술치료 세션을 관찰하고 기록하는 방법은 크게 세 가지 정도로 나눌 수 있다. 가장 기본적인 것이 세션이 끝난 후 치료사가 직접 기록하는 것이고 두 번 째로는 세션의 내용을 녹음, 녹취하거나 비디오로 녹화하는 경우가 있다. 그런가 하면 관찰자와 같은 제 3자가 세션을 관찰하여 기록하는 방법이 있다.

일반적으로 치료사들이 세션이 끝난 후 바로 기록하는 것이 물리적으로 불가능한 경우거나 집단 치료 시와 같이 여러 가지 일이 동시에 벌어지기 때문에 제 3의 눈을 갖는 것이 유리하다고 판단되는 상황, 수퍼비젼이나 자문을 위한 기록, 논의가 필요한 이슈에 대한 객관적인 자료가 필요한 상황, 보호자 상담이나 교육 등을 위해 녹화나 녹취, 관찰자에 의한 관찰이 이루어진다. 이런 장치들은 각기 장단점을 가지고 있는데 우선 치료사가 미처 인식하지 못하거나 그다지 주목하지 못했던 세세한 부분을 들여다봄으로써 세션에서 일어난 일을 이해하고 치료사가 자신을 모니터하며 논의가 필요한 부분에서는 논의를 이끌어갈 수 있는 객관적인 정보를 제공한다는데 큰 도움이 될 수 있다는 점을 장점으로 꼽을 수 있다.

그러나 녹화나 녹취의 경우는 조금 다르지만 관찰자에 의해 관찰이 이루어지는 경우에는 아무리 눈에 보이는 사실을 보고한다고 해도 포괄적인 내용을 전해받기에는 어려움이 있다. 아무리 관찰자라 할지라도 개인의 주관적인 관심 영역을 완전히 배제할 수 없기 때문에 관찰자의 눈에 더 두드러지는 일을 중심으로 관찰이 이루어진다면 세션에서의 중심 이슈가 다르게 보고 될 가능성이 있다. 게다가 치료사가 관찰한 내용과 상이한 경우도 발생하는데 그러한 차이가 관점이나 해석의 차이에 기인한 것인지 치료사와 관찰자가 가지고 있는 선입견이나 편견의 경우의 수가 증가한 것인지 확실하지 않은 경우도 있다. 이러한 현상은 훈련받지 않은 사람이 관찰자로 들어온 경우에는 더욱 그러할 것이다. 그렇기 때문에 종종 관찰자의 의견이 혼란을 제공하는 경우도 있다. 물론 논의를 통해서 이를 이해하려는 과정이 있겠지만 다양한 관점의 제공이라는 장점 뒤에는 이렇듯 선입견이나 편견도 배가될 수 있다는 잠재적인 위험도 있다. 또한 세션 일지를 작성한다거나 회기를 분석하기 위한 목적으로 녹화, 녹취된 자료를 다시 보거나 듣기 위해서는 세션시간 만큼의 시간이 걸린다는 점 역시 부담이 될 수도 있다. 마지막으로 비밀 유지라는 측면에서 이렇게 수집된 자료들의 보관이나 공유에 대한 문제가 제기 될 수 있다.

그러나 무엇보다도 이러한 장치들에 의존하게 되는 경우를 가장 큰 단점으로 생각할 수 있을 것이다. 치료사들은 항상 혹시 자신이 보지 못하고 듣지 못하는 것이 있어서 내담자에게 적절하게 반응하지 못하고 있는 것은 아닌지 그리고 과연 자신의 치료적인 중재가 적절했는지 궁금해 하고 확인받고자 하는 마음을 가지고 있다. 이러한 우려 때문에 생각보다 많은 치료사들이 녹화나 녹취를 하는 경우가 있다. 하지만 우리가 핸드폰을 사용하면서부터 전화번호 외우는 능력이 현저하게 줄어들고 네비게이션을 사용하면서 길을 더 기억하지 못하게 되는 현상과 마찬가지로 이러한 장치가 있다고 생각하면 오히려 세션에서 일어나는 일들을 더 기억하지 못하게 되는 일이 생길 수 있다. 실지로 매 회기 녹화를 하는 치료사들은 녹화를 한다는 생각에 세션에서의 집중도가 오히려 낮아졌고 세션이 끝난 뒤에도 내용을 기억하지 못하는 일이 많았다고 고백하기도 하였다. 게다가 처음에는 모든 세션을 다시 돌려보면서 분석하고 공부할 것 같은 마음이었으나 점점 처음 마음과는 다르게 그냥 기록으로만 보관하게 되면서 오히려 도움이 되지 않았다는 것이다. 그러므로 이러한 장치에 대한 의존도는 조심하는 것이 필요하다.

결론적으로 말하자면 치료사의 직접적인 관찰이 포함되고 세션에 대한 집중도도 유지될 수 있도록 세션이 끝난 뒤 기억이 생생할 때 일지를 작성하도록 훈련할 것을 권하고 싶다. 또한 녹화나 녹취를 할 경우에는 그 목적을 분명히 하여 취지에 벗어나지 않도록 하고 논문이나 연구, 수퍼비전 자료 등 제한된 목적이나 회기 내에서 유용한 정보로서의 역할을 수행하도록 주의를 기울이는 것이 필요하다는 것을 기억하기 바란다.

미술치료 세션에 대한 기록은 기록의 용도에 따라 그 내용에 조금 차이가 있을 수 있다. 예를 들어 기관에서 보관하는 공식적인 기록이라면 일단 준비된 양식에 준하여 작성하여야 하고 기관 내 다른 일지나 자료들과 같은 맥락에서 취급되어야 할 것이다. 만일 이런 양식이 없다면 개인이 적합한 형태를 연구하여 사용할 수 있다.

그런데 병원에서도 환자가 자신의 의료기록을 원할 경우 사본을 제공하는 것과 마찬가지로 미술치료 세션에 대한 기록은 내담자가 원할 경우 제공될 수 있는 기록으로 취급되기도 한다. 그렇기 때문에 그런 상황을 인식하여 적절한 형태의 기술 양식을 고민하여야 한다. 일반적으로 세션 내에 어떤 일이 일어났는가를 기록하는 수준이 적절할 것인데 치료사의 검증되지 않은 분석이나 개인적인 의견 혹은 감정 등은 이에 포함되지 않는 것이 적절하다.

그러나 미술치료를 공부하는 학생들의 경우 훈련과정 내에서 수퍼비젼을 위한 세션 기록을 작성해야 하는 경우도 있다. 그런 경우 세션에 대한 자세한 기록 뿐 만 아니라 내담자의 행동이나 작업 과정, 작품 등이 나타낸다고 생각하는 이슈, 이에 대한 치료사의 의견, 그리고 치료사의 치료적 개입에 대한 평가, 전이 및 역전이를 포함하는 개인적 감정 등이 포함될 수 있다. 이는 훈련을 위한 과정이므로 관찰이 가능한 객관적인 사실 뿐만 아니라 직관적으로 떠오르는 내용들도 포함될 수 있다.

2. 세션 일지에 포함되어야 할 사항

그렇다면 미술치료 세션 일지에 포함되어야 할 사항은 어떤 것이 있을까? 먼저 수퍼비젼, 논문 준비나 사례발표 등을 위한, 좀 더 자세한 정보를 포함하는 세션 일지를 먼저 살펴보고, 상대적으로 간결한, 세션 내 전반적인 관찰사항을 요구하는 일반적인 기관 내 세션 일지를 살펴보도록 하겠다. 단, 여기에서는 check-list와 같은 양식은 다루지 않을 예정이다.

수퍼비젼용 세션 일지

(1) 내담자 기본 정보

여기에는 이름 및 성별, 가족관계나 생육사, 생활환경 등과 함께 내담자의 진단명이나 증상 및 특징, 주호소, 그리고 이전에 받았던 치료 경험, 현재 연계되어 있는 치료나 교육과정 등 내담자에 대한 개인적인 신상 정보 뿐 만 아니라 내담자의 상황을 알려줄 수 있는 내용을 적는다. 내담자의 이슈에 따라서 생육사나 발달 단계별로 자세한 정보가 요구될 때도 있고 주변 환경에 대한 정보가 강조될 수도 있다.

내담자가 받은 진단명이 내담자가 호소하는 내용 즉 내담자가 미술치료에 찾아오게 된 이유와 일치하지 않을 수도 있으며 주변에서 생각하는 문제와 내담자가 인식하는 문제, 내담자의 특징적인 이슈는 다를 수 있으므로 진단명과 이들을 동일시하지 않는 것이 중요하고 현 시점에서의 내담자를 파악하려고 애쓰는 노력이 필요하다.

(2) 미술치료 환경

여기에는 세션 날짜, 장소, 시간과 함께 제공되는 치료형태가 그룹인지 개인인지, 그리고 미술치료의 물리적, 정서적 환경은 어떠한지를 기술한다. 특별히 환경에 대한 기술을 통해서는 미술작업에 적절한 물리적 환경이 갖추어졌는지 그리고 자유롭고 자발적인 미술작업이 가능하도록 안전감과 사적 공간 등의 확보되었는지를 점검함으로써 이러한 요인이 세션에 미치는 영향을 알아볼 수 있다.

(3) 미술치료 세션의 기록: 무슨 일이 일어났는가

이 항목은 치료사가 세션에서 일어난 일들을 관찰하여 객관적으로 서술한 내용들을 포함하는데 세션 내 미술작업의 내용과 사용한 재료, 재료에 대한 내담자의 반응, 치료사에 대한 내담자의 반응, 작업 과정시 내담자의 언어적, 비언어적 행동 및 기분, 치료사의 치료적 중재 등이 속한다. 즉 미술치료 세션에 일어난 일들을 적는 것이다.

여기서는 미술작업이 치료사의 제안에 의한 지시적인 작업이었는지 아니면 내담자의 의도로 시작되었는지도 밝히고 만일 치료사의 제안이었다면 치료사의 의도도 밝히도록 한다. 치료사의 중재에서도 왜 그런 개입을 하였는지 상황과 함께 그 의도를 설명하는 것이 세션을 파악하는데 도움이 될 것이다. 또한 누구의 말과 행동인지 명확히 구분하여 기술하도록 하고 상대적으로 많은 내용이므로 포괄적이면서도 간결하게 정리된 형태로 기술하는 연습이 필요하다. 종종 내담자의 행동이나 정동을 시간 흐름에 따라 구구절절 그대로 묘사하는 경우가 있는데 그럴 경우 내용의 양도 많고 사변적이 되는데 이렇게 항목별로 나누어 생각을 해보면 좀 더 구조적인 틀을 가지고 정리할 수 있게 된다.

마지막으로 내담자의 작품 사진이 포함되는데 경우에 따라서는 작품 사진의 게재가 허락되지 않는 기관도 있으므로 그런 경우 내담자의 작품을 객관적으로 묘사하거나 그대로 베껴 그리는 모사도 가능하다.

(4) 미술 치료 세션에 대한 고찰

여기서는 앞서 정리한 세션의 기록을 바탕으로 내담자의 정동 및 행동이 어떤 의미를 갖는지, 그 이면의 동기나 의도는 무엇이었을지 생각해보고 마찬가지로 미술작품에 나타난 형식이나 내용의 의미 등을 유추해보고 논리적으로 설명해보는 기회를 갖는다. 즉 내담자가 왜 그런 말을 했는지, 왜 그런 행동을 했는지 맥락 안에서 의미를 탐구해보고 작품의 의미를 탐구해보는 과정이 포함되는 것이다. 그러나 이는 어디까지나 치료사가 자신의 이론적인 지식과 그간의 경험을 통해 축적된 내용을 바탕으로 한 직관적인 이해나 유추에 의한 것이므로 이러한 사실에 대한 내담자의 확인이 없는 한 하나의 가능성으로만 제시되어야 한다.

이러한 제한점이 있다 해도 이런 노력을 통해 치료사들은 그동안 자신들이 배운 내용들을 실제 현장에 적용시키고 자신이 보고 알게 된 사실의 검증이나 탐구를 통해 자신의 의견을 발전시키게 되는 것이므로 단순한 추측의 차원으로 보다는 좀 더 신중하고 진지하게 내담자와 작품, 그리고 현상을 이해하려는 시도로 접근하는 것이 옳을 것이다. 처음에는 단순히 '그럴지도 모르겠다'는 식이었다가도 이러한 가능성을 세션을 통해 확인해가면서 점차 세션에서 일어난 일들을 더 잘 이해할 수 있게 되고 자신의 의견을 만들어가게 되기 때문이다.

(5) 치료사의 자기 점검 및 의견

여기서는 치료사가 세션에서 가졌던 주관적이고 개인적인 감정을 돌아봄과 동시에 치료사로서의 자기 점검이나 평가를 내려 보는 시간을 갖는 것으로 세션이나 내담자에 대한 느낌, 치료사의 자기반성 등이 포함된다.

그런데 이는 치료사의 훈련과정과 인격적인 성장에서의 고민을 담게 되므로 자칫 잘못하면 방어적이 되거나 반대로 자기 비하 식으로 탐구될 수도 있다. 그러나 그보다는 치료에서의 전이, 역전이 등을 점검하고 내담자를 더 잘 도울 수 있는 방안을 찾아보기 위한 목적으로 이러한 점검을 하는 것이므로 자신의 주관적인 감정을 어느 정도 객관화하여 돌아봄으로써 자기 연민에 빠지지 않도록 주의한다.

종종 미술치료사들은 이런 자기 성찰하는 과정에서 미술작업이 도움이 되는 것을 발견하게 되는 데 세션이 끝난 후 세션에서 일어난 일들이나 내담자, 그리고 치료사로서의 자신에 대한 이미지를 작업으로 풀어낼 때 미처 생각하지 못했던 부분을 자각하게 되고 새로운 관점을 찾아내기도 한다. 이런 작업을 치료사의 세션에 대한 반응 작품이라고 할 수 있는데 수퍼비젼의 목적에도 부합하므로 치료사들의 반응작품 작업은 권장할만하다.

(6) 추후 치료 목표와 방향

여기서는 다음 세션에 적용 가능한 실제적이고 구체적인 치료 목표나 작업의 방향을 미리 생각해 봄으로써 치료가 길을 잃지 않고 일관된 방향 안에서 진행될 수 있도록 정리하는 것이다.

치료의 목표와 방향은 어느 치료사에게나 어려운 주제이고 그것을 결정하는 과정 역시 많은 요소들이 영향을 미치기 때문에 간단하지 않다. 그렇지만 자기 개념의 확립이나 자기 실현화, 자아 존중감의 확립이나 애착경험 같이 거대하고 좀 더 근원적인 목적의 수립과 함께 이러한 목적을 이루기 위한 과정에서 디딤돌 역할을 할 수 있는 구체적이고 실현가능한 목표들을 정리하고 점검하는 것이 세션에 몰입되어 전체 맥락을 놓칠 수 있는 치료사들에게 꼭 필요한 노력이다.

참고자료 4. 세션 일지-수퍼비전용

항목	세부 항목
내담자 기본 정보	• 이름 및 성별, 가족관계나 생육사, 생활환경 • 내담자의 진단명이나 증상 및 특징, 주호소 • 연계되어 있는 치료나 이전 치료형태나 기간
미술치료 환경	• 세션 날짜, 장소, 시간 • 세션의 형태: 그룹인지 개인인지 • 물리적 환경 및 정서적 환경 기술
미술치료 세션의 기록	• 세션 내 미술작업 내용과 재료/작업 의도 • 재료에 대한 내담자의 반응 • 치료사에 대한 내담자의 반응 • 작업 과정 시 내담자의 언어적, 비언어적 행동 및 기분 • 치료사의 치료적 중재 • 내담자의 작품 사진
미술치료 세션에 대한 고찰	• 내담자의 정동 및 행동의 의미 및 동기 혹은 의도 • 미술작품에 나타난 형식, 내용의 의미 및 동기 혹은 의도
치료사의 자기 점검 및 의견	• 치료사의 세션에 대한 느낌 • 치료사의 자기반성 • 세션이나 내담자에 대한 치료사의 반응 작품
추후 치료 목표와 방향	• 구체적인 치료 목표나 작업의 방향

기관제출용 세션 일지

일반적으로 기관마다 기관에서 사용하는 세션 일지 양식이 존재한다. 어느 기관에서는 치료사가 자유롭게 회기에서 있었던 일을 기술하는 단순한 양식을 가지고 있고 또 어느 곳에서는 여러 항목으로 관찰 내용을 나누어 적도록 마련된 양식을 가지고 있을 수도 있다. 그렇기 때문에 치료사는 구비된 양식에 따라 기술하도록 하되 그 안에 포함되어야 할 내용을 위의 내용에 맞추어 정리하면 다음과 같다.

우선 내담자의 기본 정보는 처음 면접시에 작성될 가능성이 크고 그렇기 때문에 개별 세션 일지에 매번 포함될 필요는 없다. 미술치료 환경 역시 큰 변동이 없다면 매 회기 동일할 가능성이 크므로 회기 내에서 주목할 만한 요인이 관찰되지 않는 한 자세히 기술하지 않아도 될 것이다. 그런가하면 치료사의 자기 점검이나 의견의 경우 자칫 잘못하면 설익은 치료사의 주관적인 판단이나 감정적인 요소가 세션 일지에 포함되게 될 가능성이 생길 수 있으므로 기관 제출용 세션일지의 내용으로는 적합하지 않다. 그렇게 본다면 결국 기관제출용 세션일지에는 미술치료 세션의 기록과 세션에 대한 고찰, 그리고 추후 세부 목표와 방향 부분이 주로 포함될 것이다. 즉 무엇이 일어났는지에 대한 보고가 가장 중요한 부분이 된다.

다음은 기관에서 사용하는 세션일지의 예로서 제시된 것이다.

참고자료 5. 기관용 세션 일지의 예 - 개인치료의 경우

<table>
<tr><td colspan="2">날짜 :</td><td>시간 :</td><td>내담자 이름 :</td></tr>
<tr><td>관찰 사항</td><td colspan="3"></td></tr>
<tr><td>회기 평가</td><td colspan="3"></td></tr>
<tr><td>제 안</td><td colspan="3"></td></tr>
<tr><td colspan="4">작 성 자</td></tr>
</table>

참고자료 6. 기관용 세션 일지의 예-집단치료의 경우

<table>
<tr><td>날짜 :</td><td>시간 :</td><td colspan="2">치료사 이름 :</td></tr>
<tr><td colspan="4">참석자 :</td></tr>
<tr><td>미술재료 및 작업</td><td colspan="3"></td></tr>
<tr><td>전반적인 관찰사항</td><td colspan="3"></td></tr>
<tr><td>회기에 대한 고찰</td><td colspan="3"></td></tr>
<tr><td rowspan="8">개인별 관찰사항</td><td></td><td colspan="2"></td></tr>
<tr><td></td><td colspan="2"></td></tr>
<tr><td></td><td colspan="2"></td></tr>
<tr><td></td><td colspan="2"></td></tr>
<tr><td></td><td colspan="2"></td></tr>
<tr><td></td><td colspan="2"></td></tr>
<tr><td></td><td colspan="2"></td></tr>
<tr><td></td><td colspan="2"></td></tr>
</table>

3. 세션 일지 작성시 유의할 점

세션 일지를 작성할 때의 주의사항은 첫째, 치료 개시 동의서 및 작품 사용 동의서를 받았다하더라도 비밀 유지의 원칙과 사적 정보를 침해하지 않는 범위 내에서 기술해야 하며 내담자의 인격을 존중하여야 함을 명심한다. 특히 기관 내에서 사용되는 서류가 아니라 수퍼비젼이나 발표 등의 목적으로 외부로 가지고 가는 기록의 경우 실명을 사용하거나 내담자를 지목할 수 있는 정보가 포함되지 않도록 유의하여야 한다. 이는 아무리 강조를 해도 지나치지 않기 때문에 항상 주의를 기울이는 태도가 중요하다.

둘째, 세션일지는 치료 진행의 기록이다. 즉 자신이 제공하는 서비스의 기록일 뿐만 아니라 내담자의 변화나 치료사의 적절한 개입 등을 평가할 수 있는 기록이다. 그러므로 순수하게 개인의 직관적이고 즉흥적인 생각을 담은 개인적인 자료로 사용하는 것이 아니라 수퍼비젼, 자문, 학교 과제, 기관 제출 등의 목적을 가진 경우라면 특히 어느 정도 공식적인 형태를 가지고 납득할 수 있는 언어로 기술되어야 한다. 세션일지는 에세이가 아님을 이해하여야 하고 치료사로서의 자질을 판단할 수 있는 근거이기도 하다는 것을 이해하여야 한다.

마지막으로 내담자의 행동이나 정동, 작품 등에 관한 분석이나 해석을 시도할 때는 주의를 기울이도록 한다. 만일 내담자에 의해 확인이 된 사실이라면 " ~하다고 생각되어 물어보자 내담자가 그렇다고 하였다"는 식으로 쓸 수 있지만 내담자에 의해서 확인이 되지 않고 치료사의 판단에 의해서만 도출된 내용이라면 비록 치료사가 확신을 가지고 있다 하더라도 "~로 여겨진다", "~로 추측할 수 있다", "~인 것 같다"는 형태의 기술이 적절하다.

제3장

미술 치료 세션의 계획 및 고려해야 할 점

1. 임상실습 어떻게 시작할 것인가

대학원에 입학하여 이론적인 내용만 공부하다가 처음으로 임상실습을 시작하는 것은 드디어 꿈꾸던 치료사의 길로의 첫 발을 내딛는 것과 같을 것이다. 이때 과연 내가 잘 할 수 있을까 하는 자기능력에 대한 의구심뿐만 아니라 익숙하지 않은 새로운 환경에서 일한다는 사실에 대한 낯설음과 두려움도 있을 것이다. 이렇게 학생 신분으로 내담자를 만나는 것에 대한 불안과 부족한 자신감 때문에 종종 오라는 곳은 무턱대고 찾아가서 임상실습을 시작하는 경우도 많다. 더군다나 미술치료 실습을 할 수 있는 장소가 적었던 과거에는 학생들 간의 경쟁까지 존재하여서 어디라도 불러주면 일을 하는 경우도 있었다.

그러나 일단 인턴쉽을 시작하면 일정 기간은 지속적으로 해야 하는 일의 특성을 고려할 때 이러한 성급한 결정은 우려되는 점이 있다. 무엇보다도 실습생들은 임상실습 장소를 선택할 때 자기가 훈련을 잘 받을 수 있는 곳인지 꼼꼼히 따져보아야 한다. 임상실습이라는 것이 학생의 입장에서는 노동력을 제공하고 그 댓가로 치료사로서의 훈련을 받는 것이기 때문이다. 그러므로 임상실습을 시작하기에 앞서 다음의 조건들을 생각해 볼 것을 권한다. 다만 이러한 조건들을 입맛대로 모두 만족시키는 곳을 찾기는 매우 어려운 것이 현실이므로 항상 협상 가능한 지점을 찾아보아야 함을 기억하길 바란다.

우선은 임상실습을 하는 곳에서 수퍼비젼을 받을 수 있는지를 알아본다. 대학원 같은 훈련기관에서는 커리큘럼에 따라 수퍼비젼을 제공하고 있지만 학생 수와 허락되는 시간을 가늠해볼 때 늘 충분하지 못하다는 마음이 들게 마련이다. 또한 학교에서의 수퍼비젼은 아무래도 한 차례 인턴에 의해 걸러진 내용들을 가지고 이루어지기 때문에 현장에서 즉각적으로 일어나는 일들을 다루기보다는 사례를 발표하고 이에 대한 다양한 접근이나 시각을 탐구하며 치료사로서의 기본적인 태도를 기르는데 집중하게 된다. 이에 비해 직접 내담자를 만나는 현장에서 상급자에 의해 제공되는 수퍼비젼은 임상장면에서 나온 이슈들이나 예측하지 못한 상황에 대한 대응, 미술치료 세션의 진행방향에 대한 구체적인 사실들을 다루게 된다. 그렇기 때문에 임상실습장소와 교육기관에서 모두 수퍼비젼이 제공되는 것이 치료사로서의 훈련에 매우 중요하다.

그 상급자가 미술치료사라면 미술작업에 대한 부분까지 상세하게 의논할 수 있다는 점에서 매우 환영할 일이나 현장에서 상급자로 혹은 수퍼바이저로 활동하는 미술치료사의 수가 그리 많지 않기 때문에 이런 경우는 흔치 않다. 그러므로 미술치료사가 아니더라도 자신이 하는 일을 잘 알고 있고 실질적인 도움을 줄 수 있는 경험 있는 상급자라면, 그리고 실습생이 하는 작업에 관심을 가지고 의견을 교환할 의사가 있는 사람이라면 상담자나 놀이치료사, 사회복지사, 간호사나 의사, 특수 교사 등 누구라도 수퍼바이저가 될 수 있을 것이다.

수퍼바이저의 확보는 단지 궁금한 것을 물어볼 수 있는 의논 대상 차원에서만 필요한 것이 아니다. 상급자 혹은 수퍼바이저는 실습생들이 미처 접해보지 못한 제도적인 절차나 응급 상황에 대해서도 즉각적으로 도움을 주고 실습생으로서의 책임과 한계에 대해 이해함으로써 안전한 테두리를 제공하는 역할을 담당한다. 그렇기 때문에 실습생은 실습생으로서의 임무뿐만 아니라 어느 정도까지 자신이 담당할 수 있고 어떤 도움을 받을 수 있는지 그 한계와 역할에 대해 미리 알고 논의하는 것이 필요하다.

두 번째로는 평소 자신이 가지고 있는 질문에 대한 답을 얻을 수 있는 곳인가 하는 것을 점검해보는 것이 중요한데, 실습생 때의 임상경험이 나중에 치료사로서의 성격을 결정지을 수도 있고 연구나 논문의 주제가 되기도 하므로 스스로 자신이 무엇에 관심이 있는지 그리고 어떤 것을 알아보고 싶어 하는지 미리 미리 생각을 정리해 보는 것이 필요하다.

이는 특정한 내담자 집단을 선택적으로 골라서 마치 편식을 하듯 취향에 맞는 곳에서만 실습을 하라는 뜻은 아니다. 상식적으로 생각해봐도 될 수 있으면 다양한 기관이나 환경에서 여러 특징을 가진 내담자들을 만나는 것이 치료사로서의 훈련에 도움이 될 것이라는 것은 너무나 분명하다. 특히 전문가로부터의 수퍼비젼이나 자잘한 실수도 모두 학생 신분으로 하는 실습일 때 더 너그럽게 제공되고 허용되므로 될 수 있으면 학생으로서 다양한 임상 장면을 경험하는 것이 나중에 훌륭한 치료사가 되는데 탄탄한 밑거름이 된다. 이러한 이유로 여러 교육기관에서는 대상을 연령별로 나누어 아동, 청소년, 성인, 노인을 모두 만나고 병원이나 복지관 등의 다양한 세팅을 경험하도록 실습과정을 안내하고 있는 것이다. 그러므로 핵심은 누구를 어디서 만나는가 하는 것보다도 과연 이 현장이 평소에 자신이 가지고 있던 미술치료에 대한 의문들을 탐구해 갈 수 있는 현장인지 점검해 봐야 한다는 것이다.

실습생들이 가지고 있는 질문은 대부분 '그러니까 정말 미술은 치유적인가?', '어떤 메카니즘으로 치유적 경험이 이루어지는가?', '미술작업과 미술교육, 그리고 미술치료 작업은 어떤 차이가 있는가?' 와 같은, 좀 더 근원적이고 폭넓게 적용될 수 있는 질문들이기 때문에 단순히 어떤 현장에 가느냐가 중요하지는 않다. 그러므로 자신이 궁금해 하는 것을 탐구할 수 있고 도전을 허용하며 적절한 자극과 도움이 제공되는 현장이라면 일이 고되더라도 임상시간을 쉽게 만족시킬 수 있는 현장보다는 우선되어야 할 것으로 믿는다.

이를 위해서는 평소에 자신의 생각을 정리 해두는 것이 좋다. 이론적인 공부를 할 때는 깊게 생각할 시간도 없고 비판적인 질문보다는 내용의 소화에 급급해서 과연 내가 궁금한 것이 무엇인지도 모르는 경우가 많다. 그러다보면 정작 관심이나 질문을 길잡이 삼아 앞으로 나아가야 할 때 어디로 갈지 몰라 주춤하게 되는 것이다. 그러므로 평소에 이런 질문을 던지고 관심을 발전시키는 태도가 필요하다.

마지막으로 기관이 어느 정도 공신력이 있고 구조가 잡혀있는 곳인지 살펴보는 것이 중요하다. 아무런 지도 감독도 제공되지 않고 실습생 마음대로 결정할 수 있는 내용이 많은 현장은 마치 치료사로서 자신을 더 대접해주고 신뢰하기 때문에 자율성을 존중해주는 것 같이 느껴질 수도 있다. 하지만 이런 성격의 자율성은 실습기간에 경험하기 쉬운 실수 등이 다루어지지 않거나 책임을 져야 할 경우가 있을 때 실습생에 대한 보호도 이루어지지 않을 수 있다는 것을 의미하기도 한다. 실습생 시절에는 자기가 하는 미술치료 세션에서 일어나는 일을 소화하기에도 벅친 경우가 많다. 아주 사소한 일에도 신경이 쓰이고 왜 그런지 알고 싶어서 이리 저리 궁리하느라고 세션에 집중하게 되는 것이다. 그런데 그런 시기에 내담자에 대한 기본적인 정보도 제공되지 않아서 실습생들이 혼자서 처음부터 다 찾아다녀야 하고 환경을 구성하기 위해 노력해야 하며 미술치료의 성격이나 한계 같은 구조적인 요소들을 갖추기 위해서 고군분투해야 한다면 아마 세션 자체에 몰두하는 정도는 적어질 수밖에 없지 않을까 우려가 되는 면도 있다. 이러한 일도 물론 미술치료사가 해야 하는 일에 속하기는 하지만 언제 하느냐도 중요하고 또 같은 일이라도 안전한 구조가 제공되는 곳에서 하는 것과는 많은 차이를 보일 것임이 자명하다. 안전한 구조는 그러니까 실습생들에게 치유적 경험의 속성을 탐구하는 과정에 몰입할 수 있도록 우호적인 환경을 제공해주는 울타리 같은 역할을 담당할 것이다.

2. 미술치료 계획 시 고려해야할 점

일단 임상실습장소가 결정된 다음에는 구체적으로 어떻게 미술치료를 할 것인지가 과제가 된다. 종종 이미 정해진 구조 내에서 정해진 위치로 배정이 되는 경우가 많지만 새로운 치료사나 인턴에 따라 새로운 치료 회기가 구성되기도 한다. 또 어떤 경우에는 실습생의 수준을 테스트하기 위해 미술치료의 계획을 짜오도록 요구하기도 한다.

다음의 여러 가지 요소들은 이렇게 미술치료사 인턴이 미술치료를 계획하기 위해 자신이 일할 현장의 성격을 파악하거나 혹은 미술치료사들이 자기가 하고 있는 미술치료의 성격을 점검하고자 할 때 쓸 수 있는 가이드라인이라고 할 수 있다.

구조적인 위치

이는 한 기관의 구조도를 그린다고 할 때 미술치료가 어디에 속하는지 즉 어떤 맥락에서 이해되는지에 대한 문제로 미술치료의 성격과 목표, 미술치료사의 정체성과 역할을 결정짓는 중요한 요소이다(Vick, 1996). 개인치료실이라면 개인 미술치료사에 의해 이런 것들이 결정되겠지만 기관의 경우에는 기관마다 차이를 보이고 있다. 예를 들어 미술치료가 속한 부서만 해도 어느 기관에서는 재활 부서에 속하기도 하고 어느 기관에서는 진료 부서에 속하기도 하며 레크리에이션이나 작업 치료와 같은 부서에 속하기도 한다. 성격 면에서도 어린이 병원에서는 아동들의 발달을 돕기 위해 발달적인 접근을 강조한 세팅이기도 하고 다른 곳에서는 내담자의 변화를 도모하기 위한 상담 파트에 들어가기도 한다.

이렇게 미술치료가 어느 부서에 속하느냐를 살펴보는 것은 다시 말해 그 기관에서 하는 미술치료의 목적이 무엇인지를 파악할 수 있게 한다. 만일 그 기관에서 추구하고자 하는 미술치료의 목적이 내담자의 특성이나 미술치료가 갖고 있는 내재적 속성의 지향점과 맞지 않는다면 협의가 필요할 것이다. 여기에는 행정적인 구조를 파악하는 것도 중요한데 수퍼바이저 혹은 상급자로서 미술치료에서 일어나는 일들을 사소한 것에서부터 의논할 수 있는 통로를 정확히 파악하는 것이 중요하다. 여기에는 미술치료가 들어가 있는 파트에 속하는 서비스에는 어떤 것들이 있는지, 미술치료실을 찾는 내담자들이 평균적으로 치료에 머무르는 기간은 어느 정도인지, 그리고 내담자들의 전반적인 특징에는 어떠한 것들이 있는지 알아보는 것도 포함된다.

이러한 구조는 미술치료의 목적 형성에 영향을 미친다. 목적은 치료에서 핵심이면서도 단 하나로 정의하기 어려운 부분이다. 그만큼 여러 요소를 종합해서 설정하게 되는데 치료에서 병이나 장애, 인격, 행동, 적응 등 어떤 것을 중점적으로 다루느냐 그리고 서비스가 평가나 심리검사 차원에서 제공되는 것인지, 치료적인 처치인지, 정서적인 지지인지, 부모교육과 같이 교육적인 차원인지, 위기개입 같은 단기개입인지, 혹은 예방적 차원에서의 접근인지에 대한 고려를 합하여 이루어진다. 일반적인 관점에서 미술치료의 목적으로 들 수 있는 것은 부적응적 행동이나 정서, 증상의 감소나 완화, 적응적 행동 양식의 습득, 적절한 대인관계 학습, 자아실현 등인데 단기간이고 스트레스적 상황이 존재할 경우에는 내담자가 호소하는 즉각적인 문제에 집중하여 문제 해결의 새로운 방법 탐구 및 연습이 이루어 질 것이고 재활적인 측면으로는 손실된 기능에 대한 정서적, 인지적 다룸과 함께 현존하는 기능을 유지하고 잠재력을 지지하는 것이 중요한 관심이 될 것이다. 그런데 치료사들은 종종 비현실적인 목표를 설정하는 경우가 많다. 그 말은 제한된 회기 내에 다루기에는 너무 거대한, 이상적인 목표를 선호하는 사람들이 많다는 것이다. 그러므로 궁극적인 목표는 물론 존재하여야 하겠지만 이와 함께 그 거대한 목표를 달성할 수 있는 원리로서의 구체적인 목표나 전략을 항상 염두에 두어야 한다.

목표는 앞서 말한대로 전체적인 맥락에서 결정이 되겠지만 다음의 예들이 성인을 대상으로 하는 미술치료에서의 목표에 포함될 수 있다.

- 정신과적 증상의 경감
- 치료에 대한 적응력 증가
- 자신에 대한 인식 증가

- 새로운 적응 기술의 개발
- 중독 양상의 감소 및 변화
- 스트레스 유발 요인의 이해 및 인식 증가
- 부적응적 행동, 정서의 감소 및 완화
- 위생이나 자기 관리 능력의 증가
- 일상생활을 유지할 수 있는 능력의 개발
- 가족을 포함한 사회관계의 증가 및 유지
- 지역사회 내에서의 사회활동 참여
- 새롭게 정비된 적절한 관계를 통한 상실의 극복
- 종결을 촉진시키기 위한 자원이나 지지 구조의 개발
- 필요한 자원 확충 및 유지 기술 등

내담자의 욕구 영역

일반적으로 미술치료를 찾는 사람들이 치료를 받고자 하는 이유를 살펴보면 크게 셋으로 나눌 수 있다(Vick, 1996). 그 첫째로 장애나 병을 가지고 있는 사람들이 장애나 병의 완화를 위해 미술치료를 찾는다. 주의력결핍/과잉행동장애(ADHD)나 학습장애, 자폐성 장애나 정신지체를 가지고 있는 아동들, 우울증이나 정신분열증, 강박증이나 불안장애를 가지고 있는 사람들이 자신의 병이나 장애에 접근할 수 있는 수단으로서 미술치료를 선택하는 것이다.

두 번째로는 정신과적인 진단을 받지는 않지만 현실 생활을 하는 데 있어서 불편함과 어려움을 갖고 있기 때문에 이러한 문제를 해결하여 삶에 더 적응적이 되고자 하는 목표를 가지고 치료를 찾는 사람들이 있다. 학교에 가기를 거부하거나 친구관계가 원만하지 못한 아이들, 감정조절이 되지 않는 사람들, 부부관계에 갈등이 깊은 사람들, 일탈행동을 보이는 청소년들, 무기력한 사람들이 예가 될 수 있는데 이들은 일상생활에서 보다 적응적인 행동이나 감정을 탐구하고 스트레스나 심리적인 압박감, 불안, 공포, 거절감, 두려움 등의 부정적인 정서를 다루기 위해 미술치료를 선택한다. 그런가하면 마지막으로는 영적인 건강과 조화 등을 목표로 하는 사람들을 들 수 있다. 이들은 자신이 고통의 근원이 무엇인지, 삶의 속성은 무엇인지, 그리고 그 안에서 개인의 태도는 어떻게 결정될 수 있는지에 대한 관심과 함께 자신에 대한 깊은 이해와 성찰, 자기 주변에서 일어나는 일들에 대한 이해와 성찰 등을 통한 영적인 성장을 목표로 하고 있다.

그러나 앞에서도 강조했듯이 개인의 요구 영역이 진단명과 일치하지 않을 수도 있다는 점을 기억해야 한다. 예를 들어 정신분열증을 가지고 있는 개인이라 할지라도 자신이 가진 망상이나 환각적인 내용이 아니라 대인관계에서 오는 고립감을 완화시킴으로써 개인 삶의 적응도를 높이고 영적인 조화를 이루기 위한 목적을 위해 치료를 찾고 그 과정에서 인격의 조화와 정화가 이루어 질 수 있다는 것이다. 그러므로 내담자가 미술치료를 통해서 얻고자 하는 것은 무엇이고 기대하는 바는 무엇인지를 자세히 파악하고 내담자에게 제공되는 서비스의 특징을 이해하도록 돕는다. 다시 말하면, 일하는 기관을 이용하는 내담자들의 욕구 영역을 파악하여 그에 맞는 미술치료 프로그램을 제공하는 것이 중요하다. 다양한 내담자들이 찾아오는 경우에는 적어도 내가 맡은 세션 내에서만이라도 이것이 파악되어야 한다. 이로부터 미술치료의 목적과 방향이 설정되는데 앞에서 설명한대로 목적과 방향의 설정은 내담자와의 협의를 통해 이루어지는 것이 바람직하다. 미술치료의 경우에는 주로 정신과적 문제, 약물 중독, 가족 또는 부부 문제, 영적인 위기상황, 사업적인 요구, 개인 성장, 사회문화적 압력 등을 가진 사람들의 정서적 이슈에 접근하는 경우가 많다.

치료의 성격과 치료사의 역할

치료의 성격과 치료사의 역할은 내가 일하고 있는 곳에서 미술치료와 미술치료사를 어떻게 이해하고 있는가를 확인해 봄으로써 알아볼 수 있다. 일례로 예전에 일하던 한 기관에서의 일을 소개하자면, 어느 날 내담아동의 어머니께서 치료실 문에 붙여놓은 '미술치료실' 이라는 문패를 떼어줄 수 있는지 물으셨다. 이유인즉 내담아동이 학교에서 자꾸 '미술치료실 간다' 고 이야기를 하는데 부모님의 입장에서는 학교에까지 치료를 받는다는 사실이 알려지는 것이 부담스러워서 그렇다는 말씀이셨다. 그래서 문패를 '미술실' 로 바꾸어 달았는데 시간이 적잖이 지난 어느 때 부터인가 내담아동도 그렇고 보호자들도 그렇고, 미술치료실이 그냥 미술실로 인식되고 있음을 알게 되었다. 그래서 학교에 가져가야 하는 미술숙제를 같이 해달라는 보호자의 요구도 받게 되었고 기관에서 다른 치료를 받던 아이들도 취미활동이나 과외처럼 미술치료를 받길 희망하게 되었으며 보호자들 역시 미술적 기술의 습득이나 미술학원에서와 같은 지도가 이루어지기를 기대하는 것도 알게 되었다. 이러한 흐름에는 미술치료가 처음에 자리잡아 가던 시기라서 개념에 혼란이 있었던 점, 치료사인 내가 성격형성에 미숙했던 점 등도 있겠으나 미술치료실이 미술실로 된 것도 큰 영향을 끼쳤다고 생각한다. 이처럼 기관 내 미술치료가 어떻게 불리고 인식되고 있느냐를 살펴보면 그 기관에서 미술치료의 성격을 어떻게 이해하고 있는지를 알 수 있다. 미술치료는 심리치료의 하나로 여겨질 수도 있고 특수한 욕구를 가지고 있는 사람들을 위한 미술교실일 수도 있으며 누구나 자유롭게 미술작업을 할 수 있는 아뜰리에가 될 수도 있다. 다양한 재료를 접하고 이를 가지고 미술작업을 하면서 스스로의 폭을 넓힐 수 있는 통로로서의 역할을 하기도 하며 사람들을 만나고 사귀는 법을 배우기 위한 대인관계 학습의 장이 되기도 한다.

미술치료사의 역할 역시 이와 무관하지 않은데 어디서 미술치료사는 미술선생님으로 불리우기도 하고 자원봉사자로 불리우기도 하며 내담자를 미술의 세계로 인도하는 미술가로 소개되기도 한다. 또한 심리치료사와 같이 치료사로 기능하기도 하고 상담자가 되기도 하며 지도자로 인식되기도 한다. 경우에 따라서 미술치료사는 자기 세션을 맡아서 꾸려가고 이에 따른 서류 정리나 기록 정리만 하는 경우도 있고 그 외에 초기 면접을 맡는다거나 행정적인 업무를 담당할 수도 있으며 기관 내 프로그램 기획이나 개발, 진행

등의 사업에 참여하기도 한다.

그런가하면 많은 미술치료사들이 치료사 훈련을 받기 이전에 자기 작업을 했던 경험을 가지고 있기 때문에 미술치료사이면서도 미술가, 혹은 작가의 정체성을 유지하고자 하는 경우도 있다(Malchiodi, 1998). 유사하게 미술치료사가 사회복지나 특수교육, 상담, 미술교육 같이 미술치료 이외의 다른 전문적인 영역을 구축해왔다면 그런 분야와 미술치료의 접목도 활발히 이루어지고 그에 따른 새로운 성격과 역할이 파생되기도 한다. 그런가 하면 상담이나 사례 관리를 담당하기도 하고 고전적인 의미의 교육보다는 좀 더 치료적인 마인드가 결합된 미술교육을 담당하기도 한다. 경우에 따라서는 수퍼바이저의 역할을 맡아 다른 치료사나 실습생의 훈련을 더 집중적으로 하는 경우도 있고 한 프로그램의 디렉터가 되기도 하며 선생님이나 강사 같은 교육자로서의 역할을 담당하기도 하고 연구자로서의 성격이 강해지기도 한다. 또한 지역사회에 대한 관심과 인식이 증가함에 따라 치료실 밖을 나와 지역사회의 건강과 안녕에 기여할 수 있는 작업을 하는 치료사들도 만날 수 있는데 이들은 미술로 지역사회와 교통하고 교류하는 사회 운동가로서의 역할도 담당할 수 있다.

이런 많은 경우의 수를 두고 기관 내에서 미술치료의 성격과 치료사의 역할을 미리 파악하기는 쉽지 않을 것이다. 또한 치료사 개인에 따라 이러한 성격과 역할도 결정지어지는 경우가 많으므로 앞서 말한대로 기관에서의 미술치료의 위치나 서비스를 제공받는 내담자의 특성을 고려하여 성격이나 역할을 만들어 갈 수도 있다.

치료사의 이론적인 배경의 점검

미술치료사들은 교육과정에서 다양한 심리학적, 철학적, 정신의학적인 이론을 공부하는데 현장에 나가서 일을 하면서 이런 이론들을 적용시키는 과정에서 좀 더 설득력 있다고 생각하거나 자신의 임상에 도움이 된다고 생각하는 이론들이 있게 마련이다. 그런 경우 좀 더 전문적인 훈련을 받기 위해 연구소나 학회 등을 찾아가기도 하고 적극적으로 임상경험과 연결시키려는 노력을 하기도 하는데 그러므로 어떻게 보면 훈련과정은 다양한 이론의 적용을 공부하고 시험해 가면서 자신에게 맞는 이론을 찾아내고 좀 더 풍부한 이해를 쌓아가며 자신의 전문성을 찾아가는 과정이라고 할 수 있을 것이다(Wadeson, 1987). 그러므로 자신이 가진 이론적, 철학적인 원칙과 믿음이 지금 하고 있는 미술치료에 적용될 수 있는지, 실현 가능한지 등을 점검하는 것이 중요하다. 만일 어떤 방향성이 정해진다 해도 이것이 결코 자신의 이해의 범위를 제한하는 구속이 되지 않도록 주의를 기울이는 것이 필요하다. 제한된 정보를 가지고 파악한 어떠한 이론에 대한 맹신이나 맹목적인 추종은 비이성적이고 경직된 적용을 낳을 수 있다는 점도 기억하기 바란다. 마지막으로 이론적, 철학적인 원칙과 믿음이라는 말 속에는 단순한 어떤 이론에 대한 이야기만을 포함하는 것이 아니라 사회와 인간, 그리고 삶을 바라보는 태도, 사회의 한 구성원으로서의 책임감, 윤리 등도 포함됨을 잊어서는 안된다. Corsini(2005)가 궁극적으로 모든 훌륭한 치료사는 절충적이며 치료사의 작업은 예술이라고 이야기한 바 있듯이 이러한 여러 이론들과 훈련들이 한 개인에 녹아들어 자연스럽게 임상장면에서 실현되는 것이다.

제4장

미술 작품의 소유권, 보관 및 관리

1. 미술작품의 소유권

미술치료 시간에 제작된 미술작품의 소유권은 바로 미술작품이 누구 혹은 어디에 속하는지에 대한 개념이다. 이는 아직도 논의가 많이 필요한 이슈 중의 하나지만 원칙적으로 미술작품은 작품을 제작한 사람 즉 내담자의 소유라고 보는 견해가 지배적이다 (Drachnik, 1994). 그렇기 때문에 미술치료사가 수퍼비젼이나 자문을 구하기 위해서, 혹은 학회 발표나 논문 출판, 강의 등 교육적 목적 때문에 작품을 사용하게 될 경우에는 내담자에게 작품 사용의 허락을 구하는 동의서를 받아야 하는 것이다(AATA, 2009). 이는 미술치료시간에 제작된 미술작품도 다른 미술작품들과 동일하게 생각하기 때문이다. 그런데 만일 기관이 미술 작품을 x-ray film이나 검사 결과와 같이 의료기록의 하나라고 생각한다면 원본은 기관에서 보관하고 내담자에게는 사진 같은 사본을 제공할 수 있으며 실습생에게도 수퍼비젼이나 전시를 위한 원본 사용을 금할 수 있다. 이 경우에는 미술작품을 미술치료의 과정의 기록으로 보아 일지와 동등하게 다루는 것이다. 이렇듯 작품의 소유권이 어디에 있는지, 그리고 그에 따라 작품을 어떻게 다룰 것인가 하는 문제는 기관이나 미술치료사, 내담자가 미술치료 시간 내 제작된 작품을 어떻게 바라보는가에 따라 달라질 수 있는 문제이므로 논의가 필요한 것이다.

현재 미술치료의 현장에서는 미술작품의 사진이 첨부된 세션일지만을 기록으로 남기고 원본은 내담자에게 돌려주는 경우가 많다. 이것은 미술작품들의 소유권이 내담자에게 있음을 이해한 것이기 때문이라고 할 수 있지만 종종 이러한 원칙이 소유권에 대한 인식이나 논의 없이 이루어지거나 현실적인 조건만을 고려한 결정일 가능성이 있기 때문에 원론적인 논의가 필요한 경우도 많다. 그러한 논의는 이 문제에 대해서 제일 잘 이해하고 있는 미술치료사로부터 시작되어야 하는데 문제는 기관뿐만 아니라 미술치료사 가운데서도 소유권에 대한 인식이 없거나 이 논의를 소홀히 여기는 사람들이 많다는 것이다.

그렇다면 이런 소유권에 대한 논의가 필요한 이유가 무엇인가? 예전에 미술치료를 공부하는 한 학생의 리포트를 받았는데 표지와 리포트 용지가 독특하고 예뻤다. 그래서 관심을 가지고 물어보았더니 자신이 치료하는 아동이 그린 그림을 가지고 만들었다는 것이다. 나쁜 의도를 가지고 있는 것도 아니고 태도가 나쁜 것도 아니지만 이 미술치료사에게 과연 내담자의 이미지를 이렇게 사용할 만한 권리가 있을 것인가? 사소하지만 이러한 적용의 문제가 바로 작품을 어떻게 보느냐 에서부터 시작하는 것이다.

미술작품은 미술치료의 진행 과정을 그대로 반영하는 기록이며 핵심적인 요인이다. 자신의 손으로 직접 작품을 만드는 제작과정은 내담자에게 구체적이고 실존적인 개념을 전달하며 과정에서 경험하게 되는 도전과 모험의 감수, 실수의 허용, 실수를 복구하기 위한 노력이 이루어 질 수 있다. 이런 과정을 거쳐 완성된 미술작품은 내담자에게는 변화의 기록뿐만이 아니라 성취감을 제공하는 원천이다(Malchiodi, 2001). 또한 미술작품은 그 작품을 제작한 장소, 때, 같이 했던 사람, 담긴 내용 등 제작경험 모두를 담고 있는 하나의 표상이 되기도 한다. 우리가 기억 속의 물건을 통해 그 물건이 간직하고 있는 추억과 경험을 되살리듯이 말이다. 그렇기 때문에 미술작품은 단순한 기록을 넘어서 치료과정 전체를 반영하는 하나의 상징이기도 하고 그래서 치료사나 내담자가 미술작품을 대하는 태도는 미술치료를 어떻게 생각하고 있는지를 짐작하게 해주는 것이다. 그런데 만일 매 회기 자신이 제작한 작품을 마치 다른 사람의 것인 것처럼 다루고 관심을 보이지 않는 내담자가 있다면 치료사가 이 내담자에게서 어떤 메시지를 받을 수 있을까. 아마도 내담자가 치료를 진지하게 생각하고 성실하게 임하며 주체성과 책임감을 가지고 있을 것이라 기대하기는 어려울 것이다. 그런데 반대로 자기 작품을 자기 것으로 여기고 수용하며 애정을 쏟는다면 치료에 대해 그와 유사한 인식을 가지고 있을 것이라고 기대할 수 있다.

이렇게 소유권에 대한 논의는 내담자에게 치료 자체에 대한 책임감을 강조하고 나아가 자신이 자신의 미술치료에서 주도적이고 자율적이며, 능동적이고 주체적인 역할을 담당할 수 있는 배경과 경험을 제공하는 장이 되는 것이다. 다만 기관과 마찬가지로 내담자도 이 개념에 익숙한 사람이 아니므로 내담자와 이를 논하고 작품을 존중하는 태도를 미술치료사가 먼저 모델로서 전달하여야 한다. 즉 작품의 소유권을 존중하며 참고할 때는 적절한 절차와 형태를 고려하는 태도가 이에 속할 것이다. 이런 소유권에 대한 존중은 결국 치료사 역시 내담자를 존중하고 미술치료를 소중히 여기며 진솔하게 접근하고 있음을 간접적으로 표현하는 통로가 될 수 있다. 또한 미술 치료를 처음 접한 내담자들은 대부분 자신의 작품이 어디에 보관되며 어떻게 다루어질 것인지에 대한 기본적인 정보나 인식이 없기 때문에 치료 초기에 이런 부분에 대해서도 다루는 것이 필요하다.

결론적으로 치료사는 치료에 대한 신념이나 내담자에 대한 자신의 돌봄을 미술작품을 진지하고 소중하게 다루는 태도로 표현할 수 있다. 이것이 내담자에게 하나의 모델링으로 작용하여 내담자가 자신의 미술 작품 뿐 만 아니라 자신의 치료에 대한 소유권과 책임감, 나아가 자신에 대한 의미를 진지하게 생각해 볼 수 있는 경험을 제공하게 되는 것이다. 미술 작품을 소홀히 대하거나 제반 사항을 충분히 고려하지 않는 치료사를 내담자는 어떻게 생각할 것이며 이런 태도에서 어떤 메시지를 전달받을 것인지 생각해 본다면 이 이슈는 단순히 기계적으로 누가 작품의 주인인가, 작품을 어디에 어떻게 보관할 것인가 하는 문제만은 아니라는 것을 쉽게 이해할 수 있을 것이다.

2. 미술 작품의 보관 및 관리

그렇다면 어디에, 어떤 형태로, 얼마동안 미술작품을 보관할 것이며 폐기할 경우 어떻게 할 것인가.

미술치료 시간에 제작된 작품은 미술치료 과정을 담고 있는 기록이다. 또한 미술 작품은 작품이 제작된 시점의 내담자의 생각이나 감정 등을 담고 있기 때문에 연속적으로 제작된 작품을 살펴보면 내담자의 생각이나 감정의 흐름을 찾아볼 수도 있다. 치료 시간에는 종종 이전의 자신의 모습과 경험을 돌아보고 그런 과정에서 미처 생각하지 못했던 내용들을 알아가기도 한다. 그렇기 때문에 이전 작품들은 이러한 반추작업에 도움이 되기도 한다. 이렇듯 미술치료에서 미술작품이 차지하는 위치에 대해서는 어떤 치료사라도 잘 인식하고 있을 것이라고 생각한다.

그런데 이렇게 중요한 작품의 보관과 정리에 관한 문제에 대해서는 의외로 많은 치료사들이 진지하게 생각하지 않는 것을 보았다. 예전에 어떤 치료사가 사진을 보여주었는데 방안에 가득 그림이 붙여져 있는 것을 보았다. 어떤 그림들인지 묻자 자신이 진행하던 미술치료 그룹에서 제작된 작품이라는 것이었다. 그 그림들이 치료사 집으로 간 까닭이 궁금해 물어보니 당시 그 치료사가 일하던 기관에서는 미술작품을 보관할 장소가 없으니 작품은 세션이 끝난 뒤 폐기처분하기를 원하였던 것이다. 그러나 내담자들의 정성이 들어간 제작과정을 지켜보았던 치료사로서는 작품을 폐기하는 것이 어려웠고 고민 끝에 집으로 가져와서 한 장 한 장 벽에 붙여놓게 되었다는 것이었다. 그 마음에는 충분히 공감이 가는 바이지만 치료시간에 제작된 작품이 치료사의 사적인 공간에 보관되는 것은 논란의 여지가 있을 수밖에 없다.

이러한 문제에 대해 논하는 것이 바로 작품의 보관 및 관리에 관한 이슈이다.

위에서 말했듯이 작품이 과정의 기록이기 때문에 치료가 진행되는 동안 미술작품은 내담자와 함께 치료실에 머무르는 것이 도움이 된다. 그런데 현실적으로 치료실들에 미술작품의 보관을 위한 공간이 없는 경우가 많다. 바꾸어 말하면 그렇기 때문에 미술치료 환경에는 작품의 보관을 위한 공간이 반드시 포함되어야 한다는 것이다. 게다가 얼마동안이나 보관을 해야 하는지에 대한 지침도 없다. 미국 심리학회의 경우 내담자들의 치료기록이나 녹음테이프 등의 자료 들은 치료가 종결된 이후 7년 동안은 기관에서 보관하도록 하고 있으나 미술작품은 일지 등의 서류들과는 달리 크기도 각각이고 평면작품 뿐 만 아니라 입체작품도 존재하기 때문에 부피도 크고 파손의 위험도 존재한다. 그렇기 때문에 보관 자체에 상당히 애를 먹는 것이 사실이다.

아직 미술치료 내에서는 이에 관한 어떠한 원칙도 제정되어 있지 않은 상태이기 때문에 미술작품의 특성을 고려하면서도 치료의 기록이면서 연속성을 제공할 수 있는 원칙을 결정하는 과정이 필요하다. 특히 기관 내에 정해진 원칙이 없는 경우 이 문제를 미리 협의하는 것이 중요한데 대부분 기관에서는 미술작품의 보관이나 정리, 폐기 등은 미술치료사의 몫이라고 생각한다. 문제는 미술치료사들이 이런 보관, 정리, 폐기 문제를 가볍게 생각하고 소홀히 하는 경우인데 그렇게 될 경우 내담자의 사적 정보가 담겨있을 수도 있는 작품이 보호되지 못하고 그런 과정에서 치료 혹은 치료사에 대한 신뢰가 감소하는 일이 일어날 수도 있다. 그러므로 기관이 원칙을 가지고 있지 않은 경우 미술치료사가 적극적으로 이것을 결정하고 조정해야 한다. 기관과의 협의가 이루어진 후에는 이를 토대로 내담자와의 논의가 진행될 수 있는데 여기서 결정된 사항을 동의서에 명시하는 경우도 있다. 논의점은 다음과 같다.

- 미술치료 기간 중에 어디에, 어떻게 미술작품을 보관할 것인가.
- 미술치료가 종결된 후 미술작품은 어떻게 처리할 것인가.
- 작품을 폐기해야 할 경우 어떻게 할 것인가.

앞에서도 이야기했듯이 많은 기관에서는 미술작품을 치료기간 동안에는 미술치료가 진행되고 있는 공간에 보관하고 치료가 종결된 후에는 작품사진은 일지와 함께 보관하고 원본은 내담자에게 돌려주고 있다. 때에 따라서는 원본도 기관에서 보관하는 경우도 있다. 문제는 공간이 넉넉지 않은 경우인데 치료 기간 동안에는 이전 작업을 되돌아보는 기회가 필요하기도 하므로 쉽게 꺼내볼 수 있는 곳에 보관하는 것이 좋으므로 만일 미술치료실이 여의치 않다면 다른 사무실이나 수납공간 등에 보관하는 것이 좋다. 다만 이렇게 다른 공간에 보관할 경우에도 관리는 치료사의 몫이라고 할 수 있다. 치료기간 중이라도 공간은 부족하고 치료 기간이 장기인 경우라면 얼마 만에 한 번 씩은 정기적으로 내담자와 함께 작품을 돌아보고 원 작품은 내담자가 가져가는 것으로 합의할 수 있다. 그리고 치료 종결 시 내담자가 작품을 가져가지 않겠다는 의사를 밝히면 치료사는 종결 후 작품을 얼마 동안 보관할 수 있는지 알리고 그 이후에는 폐기될 것을 공지한다. 이러한 결정은 미술치료사와 함께 미술치료 시간에 이루어질 것인데 그 과정에서 내담자의 의도와 감정을 충분히 다루어 미술작품이 가진 의미나 치료적 역할이 손상되지 않는 범위에서 결정이 이루어지도록 돕는 것이 필요하다.

그러면 앞에 나온 예처럼 치료사 개인이 집이나 사적 공간으로 가져가서 보관하는 것은 어떠한가. 이 경우에는 작품에 대한 사용권이나 소유권에 대한 문제뿐만 아니라 파손이나 훼손의 우려와 함께 정보 공개적 측면을 고려해야 한다. 예전에 어떤 기관에서 생활하는 내담자들과 미술치료를 진행한 한 실습생의 경우 기관에서는 작품 보관 장소가 전혀 없기 때문에 회기가 끝나는 즉시 폐기할 것을 요구하였는데 내담자들은 기관을 떠날 때에는 자신들의 작품을 가져가고 싶다는 의사를 표현하였다. 그래서 미술치료사는 내담자들이 기관을 떠날 때에는 가져갈 수 있도록 작품을 자신의 개인 작업실에 보관하였던 적이 있다. 이렇게 세팅의 사정상 부득이하게 집이나 개인 작업실에 보관을 하는 경우에도 소유권이 내담자에게 있음을 명심하고 치료사 개인의 목적에 의해 유용될 수 없음을 인지하여야 한다.

일지의 하나로 작품을 기록하고 정리하는 방법은 여러 가지가 있을 수 있다. 예전에는 작품을 바로바로 정리하기 위해서 사진을 현상하여 두거나 폴라로이드 사진을 쓰거나 슬라이드 필름으로 만들어 보관하거나 하는 경우도 있었는데 요즈음은 디지털 카메라로 찍은 사진을 바로 일지에 첨부하거나 따로 CD를 만들어 보관하는 경우가 많다. 또한 회기 종결에 맞추어 그동안 제작한 미술작품들의 사진을 하나로 모아 내담자에게 전달하는 경우도 있고 작품들을 모두 하나로 묶어 포트폴리오를 만들기도 한다.

마지막으로 작품을 폐기해야 하는 경우에도 주의가 필요하다. 작품의 폐기는 미술작품의 제작과정을 지켜보고 작품의 의미를 이해하고 있는 미술치료사에게 어렵고 내키지 않는 과정이 될 수도 있다. 그러나 그만큼 잘 처리할 수 있는 사람도 미술치료사이므로 폐기된 미술작품을 통해 내담자의 비밀과 사생활이 침해받지 않도록 유의하도록 한다. 평면작품의 경우 종이 분쇄기로 처리하기도 하며 입체작품일 경우 적당히 해체 후 폐기하는 것이 재사용되는 것을 방지하고 내용도 노출되지 않도록 하는 방법이 될 것이다.

제5장

안전

1. 치료 세션에서의 안전

일전에 미술치료사라는 직업에 대해 소개하는 기회를 가졌는데 그 때 받은 질문 중의 하나가 바로 '미술치료사라는 직업이 위험하지는 않은가?' 하는 점이었다. 바로 미술치료사가 일하는 환경에서 만나는 사람들이 위험하진 않은지에 대한 의문이있는데 이는 사회가 가지고 있는 '내담자' 에 대한 선입견을 대변한다고 생각한다. 일을 하다보면 대처하기 어려운 일이 일어나지 않는 것은 아니나 많은 학자들은 오히려 치료 환경이 그러한 위험한 상황을 조절할 수 있는 환경이기 때문에 다른 곳과 비교해서 특별히 더 위험하다고 결론내릴 수는 없다는데 동의한다.

안전은 미술치료에 참가한 내담자나 미술치료의 진행을 담당한 미술치료사 모두에게 중요한 문제이다. 내담자의 경우 치료시간이 안전하지 않다고 느낀다면 결코 치료실에 찾아오지 않을 것이며 안정적으로 치료과정에 참여하는 것이 불가능할 것이다. 치료사 역시 어떠한 위협이나 위험을 느낀다면 치료사이기 이전에 한 사람으로서 위축되고 불안해 할 것이 분명하다. 그렇기 때문에 치료환경에서 발생할 수 있는 위험을 파악하여 안전한 환경을 조성하는 것은 매우 중요한 일이다. 여기서는 주로 심리적인 안전에 대한 문제를 다루도록 하겠지만 그렇다고 해서 물리적이고 구조적인 위험을 소홀히 다루어서는 안될 것이다. 이러한 안전의 확보 및 유지는 서비스를 제공하는 기관이나 치료사가 주로 담당하는 것으로 다시 말해 각 치료사는 자신이 담당한 미술치료 세션에서 내담자들을 해로부터 보호함으로써 안전을 책임지는 역할을 담당해야 한다.

그런데 만일 미술치료사가 특정 내담자에 대해서 어떤 두려움이나 위협을 느낀다면 이러한 역할을 수행하는데 있어서도 어려움을 겪을 것이다. 그렇다고 치료사로서의 역할을 벗어버릴 수 있는 것도 아니라면 어떻게 해야 할 것인가. 이에 대한 좋은 방법 중의 하나는 일어나지 않은 혹은 일어나기 힘든 일을 막연하게 두려워하기 보다는 일어날 수도 있는 상황에 대해 예측하고 어떻게 대처할 수 있는지에 대해 치료사들이 정보를 구하고 훈련을 쌓는 것이라고 할 수 있다. 상황은 기관의 특성이나 내담자의 성격, 제공하는 서비스의 성격에 따라 다를 수 있기 때문에 이러한 사항은 임상에 임하기 전에 점검하는 것이 필요하다. 예를 들어 아동들이 주로 이용하는 아동센터의 경우라면 재료나 도구 사용에 따른 안전사고의 위험에 더 많은 주의를 기울이는 것이 일반적이고 내담자들끼리의 갈등이나 다툼이 자주 보고되는 기관에서는 역시 신체적이고 심리적인 안전에 대한 주의가 더 많이 요구될 것이다. 그 정도 역시 기관에 따라 다르기 때문에 만일 안전에 대한 주의가 각별히 필요한 기관이라면 실습생들에게 이에 관한 오리엔테이션을 제공하기도 한다. 그렇지 않더라도 일반적인 범위에서 실습 장소에서는 어떤 복장을 하고 어떤 행동이나 태도를 갖는 것이 중요한지에 대한 지침을 파악하는 것이 중요하다.

정보나 지식을 갖고 있다 하더라도 막상 이런 상황에 놓이게 되면 당황하고 두려움을 느끼는 일이 많을 것이다. 나 역시 인턴 실습을 하던 시기에 이러한 경험을 한 적이 있었다. 집단 미술 치료를 담당하고 있었던 나는 내담자들 사이에 앉아 이야기를 나누고 있었는데 왼편에 있던 내담자와 오른 편에 앉아있던 내담자 사이에 가벼운 실랑이가 벌어지기 시작하였다. 몇 마디 주고받지도 않은 상태에서 갑자기 흥분한 두 내담자는 자리에서 벌떡 일어났고 나도 덩달아 일어났는데 체격이 현저하게 작았던 나는 마주보고 주먹싸움을 막 시작하려고 하는 두 내담자 사이에 끼어버린 꼴이 되었던 것이다. 마침 큰 소리를 듣고 들어온 다른 스태프들의 도움으로 그 상황은 곧 정리가 되었다. 사무실에 돌아온 나는 불과 몇 초 사이의 일이지만 그 상황이 벌어지는데 아무 일도 못하고 상황이 정리되도록 순발력 있게 대처하지도 못했다는 자책감에 매우 괴로웠다. 그 때 나의 수퍼바이저는 놀란-그러나 놀란 척 하지 않고 있던- 내 마음을 먼저 달래주고 아무도 인턴 실습생이 그런 상황을 능숙하게 다룰 것이라고 기대하지는 않는다는 말로 이야기를 시작하였다. 그러나 결국은 내가 어떻게 했었어야 하는지에 대한 지적이었는데 이러한 일들은 흔하지는 않지만 일어날 수 있는 일이기 때문에 상황을 재빨리 인식하고 다루기 위해서는 경험과 훈련이 필요하다고 생각한다.

개인보다 미술치료 집단에서 정서적으로 매우 불안정하거나 폭력적인 행동을 할 가능성이 있는 내담자가 있다면 다른 구성원들이 그 집단을 안전하다고 느끼지 못할 것이다. 그 뿐만 아니라 위협적인 제스츄어를 하거나 이전에 자살 시도가 있었던 내담자 또는 비밀과 사적 정보를 지키지 못하는 내담자도 그룹의 안전을 위협하는 구성원이 될 수 있다. 개인이 가진 성격적 특질, 혹은 이슈이기도 하지만 다른 사람을 심하게 비난하거나 조롱하고 시비를 거는 듯한 태도를 갖는 내담자도 마찬가지이다. 특히 내담자들 사이에 갈등관계가 있고 충돌이 예상된다거나, 충동적인 행동을 하거나 부적응적인 고착행동을 하는 내담자들이 있을 경우에는 직접적인 언어적, 물리적 다툼이 일어날 수도 있을 수도 있다(Yalom, 1995). 개인 치료에서도 역시 같은 가능성이 있으니 그럴 경우를 대비해서 안전을 지키기 위한 다음의 지침을 기억하도록 하자. 이는 일하고 있는 곳의 상황에 따라 달라질 수 있으므로 개별적인 상황에 맞춰 방안을 고안하여 적용시키는 노력이 필요하다.

1. 미술치료사는 절대로 치료실에서 고립되지 않도록 주의한다. 치료사는 책상이나 내담자에 의해 막히지 않고 바로 밖으로 나갈 수 있도록 될 수 있으면 문에 가까운 곳에 앉는다.
2. 만일의 사태에 대비해서 도움을 요청할 수 있는 통로를 만들도록 한다. 개인치료 시에는 치료사가 둘이 될 수는 없으므로 필요한 경우 가까운 곳에 사람을 있게 한다거나 비상벨 등을

설치하는 경우도 있다.

3. 싸움이 났을 때에는 싸움에 끼어들거나 싸움을 크게 만들지 말라. 특히 감정적으로 대립이 되어 있는 상황이라면 사태를 진정시키는 것이 필요하다. 시시비비를 따지거나 상황의 이해를 논하는 기회는 다음에 갖더라도 일단은 진정시키는 것이 우선되어야 한다.
4. 치료사는 갈등관계에 있는 당사자들만 볼 것이 아니라 치료실에 있는 다른 사람들도 보호해야 한다는 점을 명심하라.
5. 대처방법에 대해 관심을 갖고 공부하고 익히는 것이 중요하다. 기관에서는 어떤 지침이 있는지를, 그리고 이러한 문제를 어떠한 방식으로 해결하는 지를 알아보고 논의하는 것이 중요하다. 지속적인 자문이나 수퍼비젼을 이용하고 필요한 경우 적절한 치료로의 연계를 고려해야 한다.
6. 일어난 상황에 대한 상세한 세션 기록을 남긴다. 즉 어떤 점이 위험스러운지, 주목할 만한 정보를 얻은 날짜와 내용 등과 이에 대한 치료사의 개입은 어떤 것이었는지, 그 개입의 의도는 무엇이었는지 등을 기록함으로써 상황을 판단하고 대처방안을 찾는데 도움이 되고 치료사가 적절하게 행동했는지 등을 논의할 수 있다.
7. 내담자에 대한 자세한 정보를 수집하여 이를 통해 위험도를 측정하는 것도 필요한데 이는 그룹을 구성할 때 고려해야 하는 이슈이기도 하며 치료 개시의 여부를 결정하는 자료가 되기도 한다. 만일 개인 치료실에서 혼자 내담자를 만나야 하는

> 상황에서라면 동료들과 안전요원이 함께 하는 기관에서보다는 일반적으로 내담자 선정에 신중을 기하는 것이 필요하다.

이런 내용을 읽다보면 어느새 저도 모르게 위축이 되기도 한다. 그러면서 사회 내 퍼져있는 인식과 같이 내담자들을 바라보는 것은 아닌가 하는 자책이 들 수도 있다. 그러나 이런 안전에 대한 평가는 보호의 의미가 강하다는 것을 명심하길 바란다. 주의를 요하는 내담자일지라도 어떤 환경의 어떤 세팅에서 만나는가에 따라 안전이라는 측면에서는 매우 다른 평가를 받을 수 있는 것이다. 그렇기 때문에 이는 항상 전반적인 치료 환경을 고려하여 과연 이 내담자가 여기에서 안전하게 작업을 할 수 있을 것인지를 따져보는 것이 더 적절한 방법일 것이다. 또한 여기에는 치료사의 자질도 고려의 대상이 되는데 아무래도 훈련 정도와 경험 정도에 따라 이런 상황을 담당할 수 있는 능력에는 차이가 있을 것이기 때문이다.

과거의 이력이나 행동, 현재의 정서 상태 등에 비춰봐서 항상 위험하다고 판단이 되는 내담자가 존재하는 것은 아니다. 오히려 전혀 예상하지 못했던 사람이 흥분하고 화가 나서 감정 조절이 되지 않을 때 치료시간 내에서 불안도를 높일 수도 있는 것이다. 그러므로 사람 자체보다도 이러한 상황에서의 대처가 중요할 수 있는데 다음은 흥분하거나 화가 난 내담자들을 대할 때 주의해야 할 내용을 정리한 것이다.

절대로 하지 말아야 할 것

- 내담자를 힘으로 제압하려고 하거나 복종을 요구하지 말라. 치료사의 말을 들으라고 요구하거나 진정되지 않을 경우 어떤 해가 있을지를 말하면 내담자는 오히려 이를 위협으로 느끼고 더욱 더 감정적으로 반응할 수 있다. 예. "조용히 하세요. 이렇게 행동하면 앞으로 미술치료 시간에 참여할 수 없습니다"
- 현재 상황에 대해 시시비비를 가리기 위해 내담자와 논쟁하지 말라. 즉 누구 말이 옳고 그른지 누가 잘하고 잘못했는지 등을 밝히려고 따지는 것은 상황이 진정된 다음에 해도 늦지 않다. 같은 이유로 내담자의 감성이나 행동 이면의 동기를 분석하거나 해석하려고 하지 말라. 역시 감정만 돋울 수 있기 때문이다. 이러한 접근은 타이밍이 중요하다는 것을 항상 기억하라. 예. "내가 잘못한 것이 무엇이지요?". "OO씨가 먼저 이렇게 말씀하셔서 저는 ~라고 한 거거든요". "언성을 높이시는 것을 보니 괜히 무안하고 거북하셨나 보군요".
- 내담자가 화를 내고 있는 상황에서 화내거나 분노할 이유가 없다고 이야기 하거나 방어적으로 화를 내거나 따지지 말라. 설사 치료사가 옳더라도 이런 주장은 내담자가 거짓말을 하거나 상황을 왜곡해서 받아들였다는 의미를 가지기 때문에 내담자의 감정을 더 자극하는 결과를 가져올 수 있다. 예. "내가 무슨 말을 했다고 그렇게 화를 내십니까?", "그 말이 그렇

게 화낼 거리가 되나요?"

- 손가락을 흔들거나 다가서거나 하는 등 갑작스러운 신경질적인 움직임이나 위협적인 신체적 제스츄어를 사용하지 말라.
- 내담자에게 어디 한 번 해보라는 식으로 도발하거나 비웃지 말라. 종종 내담자가 치료사를 향해 강한 적대감을 표현하는 경우 치료사들의 감정도 격해지는 경우가 있어서 자신이 절대로 하지 않을 것이라고 생각한 행동을 무의식적으로 하는 경우도 있음을 명심하라. 예. "어디 한 번 원하는 대로 해 보시지요"
- 흥분한 환자를 마치 그 자리에 없는 사람처럼 무시하여 못 들은 척 하거나 피하지 않도록 한다.

그렇다면 어떻게 해야 할까.

접근의 원칙은 내담자가 현재 가지고 있는 감정을 충분히 수용하고 진정시키는 것이 우선이라는 것이다. 그리고 그런 치료사의 의도를 내담자에게 전달하는 것이 중요하다. 그러기 위해서는

- 비록 치료사가 보기에 상황이 비이성적이고 이해하기 어렵더라도 내담자가 화가 나 있다는 점을 인식하고 이는 내담자에게는 실제적인 감정임을 이해하라. 예. "당신이 얼마나 화가 나는지 알겠어요"
- 내담자에게 무엇이 문제인지 묻고 경청하는데, 말을 할 때는

차분하고 위협적이지 않은 목소리로 이야기하고 간단명료한 문구를 사용하는 것이 좋다. 말을 많이 하기 보다는 많이 경청하는 것이 현명하다. 예. “무슨 일인지 말씀해주시겠어요?”

- 이야기를 나눌 때는 자극이 적고 구경하는 사람도 적은 조용한 곳에서 이야기 하는 것이 좋은데 그룹 내에서라면 다른 내담자들로부터 조금 떨어진 한쪽으로 내담자를 안내할 수도 있다. 그렇다고 흥분한 내담자와 단 둘이 고립되지 않도록 주의한다.
- 가능하다면 적정한 거리를 두고 앉아서 내담자도 같이 앉도록 청하면서 위협적이지 않고 비언어적인 제스추어를 사용하여 치료사가 먼저 차분하게 안정을 유도하라.
- 혹시 의도는 그렇지 않았지만 치료사가 한 어떤 행동이 내담자를 화나게 했다면 사과하는 것이 필요하다. 이때는 내담자가 화가 난 이유가 아니라 화가 난 감정에 초점을 맞추고 이해하도록 하라. 그리고 치료사는 내담자를 화나게 할 의도를 가지고 있지 않았음을 말하라. 예. “내가 한 말이 00씨를 화나게 했다면 정말 미안합니다. 그런 생각으로 한 말은 아니지만 그렇더라도 00씨의 감정을 상하게 했다면 정말 미안합니다.”
- 내담자가 비록 부정적인 형태라 할지라도 자신의 느낌을 표현할 권리가 있음을 인식하고 이해하라. 다시 말해 비록 내담자들이 상황을 왜곡되게 이해해서 화를 냈을지언정 그 감정 자체는 이해하라는 것이다.
- 이러한 노력에도 불구하고 쉽사리 진정되지 않는 경우도 있

다. 그런 경우 주위의 도움을 받아 그룹 밖으로 내보내서 상급자나 다른 치료사들과 면담을 하도록 할 수 있다. 이후에는 기관 내의 절차대로 일이 진행될 가능성도 있음을 이해하라.

- 그리고 앞에서 강조한 대로 돌발적인 상황에서 도움을 받을 수 있는 스태프나 연락가능한 장치 등 통로를 확보한다.

2. 미술재료나 도구 사용에서의 안전

안전에 대한 이야기를 하면서 간과할 수 없는 부분이 바로 미술재료와 도구에 관한 부분이다. 재료의 경우 특별히 위험하다고 생각되는 재료를 치료시간에 사용하지는 않지만 미술재료 자체가 화학품이기 때문에 어린 아동들이 자칫 잘못해서 먹거나 재료에 지속적으로 노출된다면 위험할 수도 있다. 실제로 미국의 경우 아동을 대상으로 하여 미술수업을 할 때 일정한 연령대에 사용할 수 있는, 안정성 면에서 적절한 재료를 제시해놓은 자료도 있다(Jacobs & Milton, 1994). 요즘 아동들의 학교 앞 문구점에서 파는 문구나 미술재료 등에 첨가된 유해 물질에 대한 신문 보도도 심심치 않게 등장하는 추세이기 때문에 미술치료사들 역시 적극적으로 혹시도 발생할 수 있는 위험도를 낮추기 위한 노력을 게을리 하지 않아야 한다.

그런가하면 미술작업 시 빈번하게 사용하는 가위나 칼, 접착제 등도 상황에 따라서는 사용하기 어려운 도구들이 될 수 있다. 정신병동의 경우 병동 안으로 가지고 들어갈 수 있는 도구들에 제한이 있는데 자칫 위협이 되거나 다칠 수도 있는 날카롭고 뾰족한 칼,

가위나 송곳, 끈 등이 그것들이다. 그런 제한이 있는 경우 가위를 사용하지 않고 손으로 찢거나 오리는 등 변형된 형태의 작업을 제안할 수 있으며 도구 없이도 할 수 있는 다른 작업을 소개할 수 있다. 아무리 효용도가 높은 재료나 도구라 할지라도 내담자에 따라서 안전이 위협받거나 안전사고의 가능성이 높다면 사용하지 않는 것이 좋다. 이는 치료 장면에서 내담자의 안전이 우선적으로 보장되어야 하기 때문이고 또한 미술치료 내에서 일어난 안전사고에 대한 보상과 같은 제도적 정비가 이루어지지 않은 상황에서 이러한 일이 생기게 될 경우 책임소재 역시 불분명하기 때문이다. 학교나 병원, 복지시설 등 기관 내에서 정해놓은 안전사고에 대한 지침이 있는 경우가 아니라면 특히 그러하다.

그러기 위해서는 초심자의 입장에서 재료나 도구를 보고 내담자들의 반응을 세심히 관찰하는 것이 필요하다. 미술치료사들은 대부분 다년간의 경험으로 복잡한 재료나 도구도 능숙하게 다룰 수 있도록 훈련된 사람이기 때문에 때로는 이러한 위험을 감지하지 못하거나 덜 예민하게 반응할 수 있기 때문이다. 그렇다고 조금 위험해 보이는 재료와 도구를 사용할 때마다 내담자 대신 치료사가 작업을 하거나 돕는 것은 치료적인 측면에서 보았을 때도 적절하지 않은 경우가 많을 것이다. 그러므로 새로운 재료나 도구를 소개할 때에는 내담자의 지각 운동적 측면에 대한 고려와 함께 안전사고에 주의하도록 주지시키고 반복적인 작업과정을 통해 익숙해지도록 돕는 것이 필요하다. 그런 과정을 통해 내담자들도 스스로 숙련됨을 느끼고 성취감을 맛볼 수 있기 때문이다.

제6장

치료사와 내담자의 관계

1. 다중관계

다중관계의 의미

사람들은 한 가지 역할만으로 살아가지는 않는다. 치료사 역시 치료사라는 역할 외에도 여러 사람들과 사회적인 관계를 맺고 살아간다. 그렇기 때문에 경우에 따라서는 내담자들과 치료사로서만 만나는 것이 아니라 다른 관계를 맺게 되는 경우도 있다.

친구나 친인척, 지인, 학생이나 제자, 동호회의 회원, 동료 등 이미 어떤 사회적인 관계를 맺고 있는 사람을 내담자로 받아들여 치료를 진행하거나, 반대로 치료실에서 내담자로 만나던 사람과 치료 종결 이후에 친구나 가까운 사이가 된다거나 다른 사회적인 관계를 형성하는 것을 다중 관계라고 하는데 이는 치료에 상당한 영향을 미치기 때문에 세심하게 생각해보아야 할 이슈이다(Corey 외, 1998).

언뜻 생각하면 이런 관계가 이루어 지지 않을 것 같지만 실제로는 자주 일어나는 일이기도 하고 치료사가 윤리적인 영역에서 범하기 쉬운 가장 흔한 실수 중의 하나도 이 다중관계에서 비롯되는 경우가 많다. 특히 문화적인 특성상 우리는 처음 만나는 낯선 치료사보다는 이미 친분이 형성된 가까운 사람들에게 속마음을 이야기할 가능성이 크고 치료사를 구할 때도 자신이 잘 알거나 자신이 신뢰하는 사람들의 추천을 받아서 선택하고자 하는 성향이 강하기 때문에 치료사는 어떤 형태로든 간에 내담자와 연결이 되는 경우가 많다. 그러므로 이러한 문제는 사회문화적인 흐름 안에서 유연하게 접근해야 한다. 실제로 치료가 개시되지는 않더라도 지인이나 지인의 가족이나 친척의 치료를 의뢰받는 경우는 매우 흔하며 가족 중의 한 명이 내담자로 치료를 시작하였다가 그 내담자의 부모나 형제가 치료에 들어오는 경우도 있다. 이러한 다중관계가 현실적으로 어떠한 영향을 미치는지에 대한 논의는 다음 예들로 시작하도록 하겠다.

예 1. 예전에 한 미술치료 개론 수업에서의 일이다. 세미나 수업을 하기 위해 학생들에게 과제를 주고 주제 발표를 하도록 하였는데 그 중의 A라는 학생은 과제가 있고 그에 대한 평가가 이루어진다는 사실을 무척이나 불편해 하는 것이었다. 과제가 부당하다고 생각해서 그런 것인지, 부당하다면 어떤 점이 그런지 의견을 물어보았더니 A는 '학생들을 이런 식으로 평가하는 태도가 미술치료사로서 적절한 행동이라고 생각하는지' 되물었다. 그래서 나는 미술치료사가 아니라 강사로, 치료시간이 아닌 수업을 진행하는 것이라고 이야기하였지만 종강 때까지도 A는 자신이 가지고 있던, 수용적이고 지지적이어야 한다는 이미지의 치료사와 지식의 전달과 훈련을 담당하는 강사를 구별하여 이해하지 못하였다. 한참의 시간이 흐른 뒤에야 비로소 자신이 과제에 대한 부담감이 매우 컸는데 치료사라면 그런 자신의 부담을 이해하고 과제를 면제시켜주었어야 한다는 생각과 함께 미술치료사가 평가를 한다는 사실에 치료사에 대해 자신이 가지고 있던 환상이 깨어지는 것 같은 거부감이 들었었음을 이야기하였다. 이렇듯 역할이 겹치고 또 그 영역에 대한 기대가 다른 경우에는 혼란이 제공될 수도 있다.

예 2. B라는 사람은 혼란을 겪을 때 지인의 소개로 미술치료를 받으면서 자신에 대한 이해도 넓어지고 살아가는데 도움을 많이 받았다. 그래서 내친 김에 미술치료에 대한 공부도 하고자 결심하였다. 그래서 B는 자신의 미술치료사에게 도움을 요청하였고 마침 그 미술치료사가 강의하는 프로그램에 등록을 하게 되었다. 그런데 공부하는 과정은 생각만큼 재미있지 않았는데 자신의 미술치료사가 수업시간에 이야기 하는 사례가 비록 딱 들어맞지는 않더라도 마치 자신의 이야기 인 것 같은 느낌을 지울 수가 없었고 다른 선생님들도 자신의 사생활에 대해 전해들은 것 같은 인상도 받았기 때문이다. B는 공부를 마치고 치료사로서의 자세를 훈련받으면서 더 이해하게 되고 자신의 치료사에 대한 의구심은 사라졌지만 마음에 있던 부담감을 내내 떨쳐버릴 수는 없었다고 이야기하였다.

예 3. 종종 수퍼바이저와 선생의 입장은 교육적인 측면을 공유하기 때문에 역할에서도 겹치는 부분이 많지만 수퍼바이저이면서 치료사라면 또 어떨 것인가. 한 초보 미술치료사 C는 자신의 수퍼바이저에게서 치료를 받고 있는 상황이었는데 직장을 얻기 위해 수퍼바이저에게 추천서를 부탁하였다. 그런데 안타깝게도 원하던 그 자리를 얻지 못하였다. 그 뒤 C는 오래도록 머리 속에 떠오르는 의구심을 지우지 못해 괴로웠었다고 고백하였는데 그것은 수퍼비젼이었다면 나오지 않았을 수 있는 자신의 과거사나 성격적인 취약점이 치료를 통해 수퍼바이저에게 노출되면서 수퍼바이저가 자신의 능력을 평가하는데 부정적인 영향을 미치지는 않았을까, 그래서 직장을 구하는데 도움을 얻지 못한 것은 아닌가 하는 것이었다. C는 자신의 의구심을 자신의 치료사인 수퍼바이저에게 물어보지는 못한 채로 치료도 일찍 종결하게 되었다.

예 4. 한 미술치료사에게는 인문학 강좌에서 만나 가까워진 친구 D가 있었다. 어느 날 D에게 장애를 가진 아이가 있다는 사실을 알게 된 이후로는 자신이 도와줄 수 있는 것이 있다는 것에 감사하며 더욱 더 가깝게 지내게 되었다. 그런데 사정을 들여다보니 아이의 치료를 맡은 치료사들이 아이를 감당하기 어렵다며 난색을 표하는 바람에 D가 무척 곤란해 하고 있는 것이었다. D가 이 치료사에게 아이의 치료를 맡아줄 것을 부탁하였을 때 처음에는 다중관계에 대한 부담감으로 거절을 하였으나 시간이 흐를수록 D가 이 치료실, 저 치료실 전전하면서 겪는 마음고생도 지켜보기 어려웠고 자신이 가진 전문적인 지식과 경험을 가지고 이 아이를 치료해보겠다는 의지도 생겨서 D의 부탁을 받아들였다. 그리고 아이가 치료를 받는 동안 D가 조금이라도 편안하게 쉴 수도 있고 거리상으로도 편의를 제공하기 위해 자신이 일하던 기관에서가 아니라 자신의 집에서 치료를 하기로 결정하였다.

그런데 처음의 의지와는 달리 아이와의 치료시간은 반갑지도 않고 마음에 부담만이 커져 갔다. 그것은 아이를 치료하는 것이 어려워서가 아니라 치료 외적인 문제에서부터 기인한 것인데 어느 순간부터 D는 아이를 치료사의 집에 데려다 주고 자기 볼일을 보기 시작했으며 돌아오는 시간이 늦어지면서 치료사가 애 봐주는 사람이 되어버린 것이다. 그러다보니 아이는 처음 시작부터도 그러했지만 치료시간을 치료시간으로 인식하기보다는 엄마 친구네 집에서 노는 것으로 이해하는 것 같았고 D도 치료진행과정에 대한 자세한 이야기는 듣지 않으려고 하면서 아이가 변화폭이 크지 않은 것에 대한 우려만 하는 것 같아서 치료사는 치료사로서의 자신의 정체성에 대한 혼란과 함께 그동안 D에게서 받았던 신뢰나 인정도 받지 못하게 된 것 같아서 섭섭하기도 하고 화도 나게 된 것이다. 치료사는 D와 이러한 문제들에 대해 터놓고 이야기를 나눈 끝에 건강하지 못한 관계를 지속할 이유가 없다는 결론에 이르러 치료는 종결하였지만 그렇다고 해서 예전과 같은 친구사이로도 돌아가지는 못한 것 같아서 안타까워하였다.

다중관계의 영향

다중관계가 치료에 미칠 수 있는 부정적인 영향에 대해서 살펴보자면 첫 번째로 위의 예에서도 찾아볼 수 있듯이 신뢰가 도전받을 수 있다는 점을 들 수 있다. 치료에서는 내담자가 들고 오는 모든 정보가 치료실 안에 머물러야 한다. 그러한 사적 정보나 비밀이 지켜진다는 첫 번째 약속의 기반 위에 신뢰가 쌓이고 진솔한 치료사-내담자 관계가 형성되는 것이다. 그런데 내담자의 입장에서 볼 때 치료사를 자신의 직장이나 사교 모임 등에서 만난다면 머리로는 아닐 것이라고 생각을 해도 마음속으로는 혹시 자신의 이야기를 다른 사람에겐 하지 않을까 하는 우려가 생길 수도 있다는 것이다. 그런 경우에는 신뢰를 형성해가고 비밀 유지의 원칙을 유지하는 과정에 더 큰 노력과 주의가 기울여져야 할 것이다.

두 번째로는 경계가 명확하지 않기 때문에 이상적인 치료 환경의 형성이 어려울 수 있다는 점을 들 수 있다. 위의 예 4에서도 알 수 있듯이 치료사는 자신이 하고 있는 것이 치료인지 친구의 아이를 돌보아주는 것인지 경계가 모호하게 되었고 보호자의 입장에서 한 이야기도 친구의 감정으로 받아들였던 것을 알 수 있다. 실지로 그 치료사는 친구 D에게 정서적으로 많이 의존하고 있었고 D를 소중히 여겼기에 아이의 치료사가 되어 달라는 D의 부탁을 들어주고 싶어했던 것이다. 또한 친구로서의 관계를 유지하고자 하는 욕구가 강했기 때문에 다른 보호자에게라면 당연히 이야기했었을 문제들도 한참동안 하지 못했던 것도 사실이다. 이렇듯 경계가 모호한 경우 치료사가 가져야 하는 공정성과 객관성이 유지되기는 어려울 것이다(Corey 외, 1998). 만일 치료사가 치료과정에서 이전에는 몰랐던 D가 가진 문제점을 알게 되었다면 그것에 대해 방어적인 태도를 취할지도 모르는 D에게 문제점을 대면시킬 수 있을까? 보호자의 입장에서도 역시 알리고 싶지 않은 개인적인 내용이 친구에게 전달될 수도 있다는 생각을 하면 치료에 소극적인 태도를 취하게 될 가능성도 있다. 이는 다시 치료의 주체인 내담자에게 치료적으로 적절한 중재가 이루어지기 어려울 수 있음을 의미한다.

그런가하면 형제나 보호자가 또 다른 내담자가 될 경우에는 치료사를 공유함으로써 생기는 문제들을 간과할 수 없다. 치료시간에 이야기한 내용이 다른 가족에게 전달될 지도 모른다는 신뢰에 대한 의구심이나 불안감이 존재할 수도 있으며 종종 삼각관계에서 제 3자를 자기편으로 끌어들이기 위해 일어나는 편가르기처럼 치료사를 가운데 두고 힘의 싸움이 일어날 수도 있다.

그렇다면 이전에 내담자였던 사람과 친구가 되는 것은 어떠할까. 과연 내담자는 치료가 종결된 이후라고 할지라도 치료사를 친구로 받아들이고 치료사의 정서적인 욕구를 충족시켜줄 수 있는, 주고받는 관계가 이루어질 수 있을까. 아니면 여전히 도움을 청하고 정서적으로 의지할 수 있는 치료사로만 여긴다면 과연 치료사에게 이 관계가 만족스러울 수 있을까.

이러한 이유로 대부분의 치료사들은 '한 번 내담자는 영원한 내담자' 라는 의견에 동의하고 있다. 그렇기 때문에 이전에 사회적인 관계를 맺고 있던 사람들을 내담자로 받아들이지 않을 뿐더러 치료가 종결이 되었더라도 다른 사회적인 관계를 지속하지 않는 것을 많은 전문가들이 권유하고 있는 것이다(Corey 외, 1998).

2. 치료사와 내담자간의 경계

위의 예들은 비록 치료 환경에 연결되어 이루어진 다중관계에 대한 이야기들이지만 이와 유사하게 하나 이상의 관계가 복잡하게 얽힐 경우 벌어질 수 있는 일들에 관해서는 우리도 익히 들어 알고 있고 그러한 관계를 유지하는 것이 쉽지 않다는 것도 어느 정도는 이해하고 있다. 특히 정신 보건 분야는 개인의 사적 정보를 다루기 때문에 관계에서 오는 이러한 복잡함과 까다로움이 배가될 수밖에 없다. 그런데 그럼에도 불구하고 사람들이 이런 복잡한 관계를 맺는 이유는 무엇일까? 바로 그럴 수밖에 없거나 그렇게 하고 싶기 때문이다.

얼마 전까지만 해도 우리나라에서 활동하는 미술치료사가 몇 안 되던 시절에는 미술치료를 공부하는 학생이 미술치료를 받고 싶어 한다면 그 치료사가 자신을 가르쳤던 혹은 가르치는 선생일 가능성이 매우 높았다. 이런 경우 선택의 폭이 좁기 때문에 어쩔 수 없이 선생이면서 수퍼바이저이면서 치료사가 되는 다중적인 관계를 맺을 수밖에 없는 경우도 있었다. 또한 미리 알고 시작하지는 않았지만 치료를 시작하고 보니 이런 저런 인연으로 아는 사람의 아는 사람이 내담자나 치료사인 경우도 종종 있는데 내가 치료했던 아이가 내 아이와 같은 학교에 다니게 되어 예전의 보호자가 같은 학교 학부형이 되는 경우도 있고 집 근처의 치료실에서 치료를 받는 내담자는 치료사가 자주 가는 음식점 주인 할머니의 손자일 수도 있는 것이다. 즉 원하던 원하지 않던 간에 현실적으로 다중적인 관계가 형성되는 경우도 있다는 것이다. 그런가하면 표면적으로는 다중적인 관계를 피하고 치료사와 내담자라는 틀을 유지하지만 윤리적으로 적절하지 않은 치료사와 내담자의 관계가 형성되는 경우도 있다. 그러므로 '한 번 내담자는 영원한 내담자' 라는 것은 어떻게 보면 상황 자체에 대한 이야기뿐만 아니라 치료사와 내담자 사이의 경계를 지칭하는 것으로 이해해야 한다. 즉 관계 형태가 그러해야 한다는 것을 포함하는 것으로 이해하는 것이 좋다.

치료과정에서의 경계

치료사와 내담자가 사적인 자리를 치료실 외부에서 따로 갖는 것은 흔히 이루어지는 일은 아니나 아주 없는 것도 아니기 때문에 윤리적인 면을 신중히 검토해야 한다. 일반적으로 생각할 때 가능성은 적지만 치료사가 자신의 내담자를 집으로 초대해서 식사를 대접한다거나 친구들 모임에 동반한다거나 내담자나 보호자가 고마움의 표시로 치료사에게 차나 식사를 대접하고자 하는 경우를 한 번 상상해 보도록 한다.

그런가 하면 내담자들은 종종 졸업식이나 결혼식, 장례식 등의 행사에 치료사를 초대하는 경우도 있다. 대부분 치료가 진행되는 과정 중에 맞게 되는 이러한 행사에 치료사가 참석하는 것이 진솔한 인간관계에서 나온 자연스러운 행동이고 지지나 응원의 메시지를 전달하기 위한 목적을 갖는 경우도 많다.

이 두 가지 경우를 놓고 볼 때 비록 치료실 밖의 사적인 자리라는 점에서는 동일하지만 어떤 경우가 더 윤리적이라고 할 수 있을 것인가. 누군가는 둘 만의 식사 자리를 갖는 것이 졸업식 같이 많은 사람들 앞에서 만나는 것보다 더 비밀 유지의 원칙을 지키기 쉽고 둘 사이의 합의만 이루어진다면 가능한 경우라고 생각할 수도 있다. 그렇지만 사적인 감정과 욕구라는 측면을 놓고 본다면 둘 만의 식사자리가 자칫 잘못하면 경계에 대한 혼란을 가져올 수 있기 때문에 덜 윤리적이라고 할 수 있다. 예를 들어 알고는 있지만 아주 잘 알지는 못하는 직장 동료의 결혼식이나 장례식에 참석한다고 가정할 때와 단 둘이 식사를 한다고 가정할 때의 마음을 비교해 보라. 어느 쪽이 더 많은 개인적인 감정을 불러일으킬 것 같은가. 이러한 기준으로 생각한다면 치료환경에서 제작된 작품을 전시하는 전시회나 기관에서 하는 행사 등에 내담자가 참여하는 것은 훨씬 더 윤리적인 범위에 속한다고 볼 수 있다.

비슷한 맥락에서 선물도 생각해 볼 수 있다. 우리나라에서는 선생님이나 자신을 치료해준 의료진에게 선물을 하는 것이 자연스럽기 때문에 치료사 역시 내담자들이나 보호자들에게서 선물을 받을 때가 있을 것이다. 그렇지만 이러한 순수한 의도를 가진 선물일 지라도 치료적인 환경에는 영향을 미칠 수가 있으므로 치료사로서 이 점에 대해서 자신의 원칙을 설정하는 것이 도움이 될 것이다.

예를 들어 치료 종료 시 내담자가 헤어짐에 대한 아쉬움과 감사의 마음을 표현하고자 한다면 치료적 맥락에서 일반적인 선물보다는 미술치료 시간에 제작된 미술작품을 주고받거나 공동 작품을 함께 만드는 것이 더 적절한 표현 방법이 될 수 있다.

사람들 사이의 경계나 사귐의 형태는 문화에 따라서 다양하고 한 문화권 안에서도 유동적이다. 그렇기 때문에 이런 개념을 너무 완고하고 경직되게 적용하려는 시도는 부자연스러울 뿐만 아니라 융통성이 없고 비인간적인 태도로 비춰질 수 있다는 것 역시 기억하도록 한다.

치료 종결 후의 경계

치료가 종결된 후에는 내담자와 치료사와의 관계도 종결된다. 엄격히 말하면 치료사는 더 이상 치료사가 아니고 내담자도 더 이상 내담자가 아닌 것이다. 그렇다고 해서 치료가 진행되는 과정에서 맺었던 원칙이나 합의가 모두 소멸되는 것은 아니다. 만일 치료가 종결된 후에 치료사와 내담자가 다른 형태로 관계를 맺게 된다면 이는 앞서 설명한 다중관계에 해당한다. 예를 들어 치료종결 후 내담자와 친구가 될 수도 있고 서로 연락을 주고받는 사이가 될 수도 있으며 일을 같이 하는 파트너가 될 수도 있고 같은 모임의 회원이 될 수도 있는 것이다. 비록 다중관계에서 우려되는 점이 치료가 진행되는 과정에서보다는 경감되기는 하나 이 역시 자칫 잘못하면 마무리를 잘 해놓은 치료과정을 원점으로 혹은 마이너스로 되돌리는 위험이 존재한다. 이런 이유로 여러 전문가들은 종결 후 2년 이내에는 성적인 관계를 포함하여 내담자와 사적인 관계를 맺는 것을 금지한다(APA, 1995).

종결 후에 내담자와 맺게 되는 사적인 관계의 대표적인 예는 단순한 연락 주고받기부터 시작한다. 이는 치료가 끝난 뒤 내담자의 상태를 점검하는 추수면담(follow-up)과는 구분이 되는데 추수면담이 정해진 시간에 일정한 형태의 면담을 통해서 이루어진다면 연락 주고받기는 시작은 추수면담같이 시작하겠지만 점점 더 일상적인 형태를 띠게 되는 것이 보통이다.

어느 치료사나 치료가 종결된 이후에도 내담자가 잘 지내고 있기를 바라고 잘 지내고 있는지 궁금해 한다. 그런 감정 때문에 종결 후에도 내담자에게 소식을 듣고 싶어 하는 시도 모른다. 내담자 역시 아무리 준비가 잘 된 헤어짐이었다 해도 그동안 믿고 의지하던 치료사와 뚝 떨어져 일상으로 돌아가는 것에 대한 두려움과 주저가 여전히 남아있을 가능성이 크다. 이렇게 헤어짐은 누구에게나 마음에 부담을 주고 여러 가지 이슈들이 얽혀있는 과정이기 때문에 내담자가 나중에 전화해도 되는지 물어도 거절하기 어렵고 치료사 스스로도 여지를 남기는 경우가 많다. 누구에게도 해가 되지 않는 관심과 마음이 상황에 따라서는 불편한 사이를 만들 수도 있음을 다음의 예를 통해서 살펴보도록 하겠다.

한 미술치료사가 이사를 하는 바람에 직장을 그만두게 되어 내담자들과도 치료를 종결하게 되었다. 그런데 이 내담자들의 인계받은 다른 치료사가 치료를 진행하면서 보니 이 내담자들은 여전히 이전 치료사와의 관계 속에 있는 것 같았다. 전환기에는 흔히 있는 일이라고 생각했지만 그 기간이 길어지고 어떤 내담자는 이전 치료사에 대한 원망과 섭섭함을 강하게 표현하기도 하여 이유를 탐색해보았더니 이전 치료사가 내담자들에게 연락처를 주고 한동안 연락을 주고받은 사실을 알게 되었다. 몇 번 그러다 만 내담자도 있었지만 강한 정서적인 반응을 보인 내담자의 경우에는 그 정도가 심하여 처음에는 전화로 간단한 안부를 주고받다가 이전 치료사가 전화를 받지 않기 시작하자 서 너 페이지에 달하는 편지를 매일 보냈던 것이다. 그 기간 동안 이전 치료사에게 어떤 소식도 듣지 못하자 이 내담자는 매우 강한 거부감을 가졌고 치료 자체에 대한 불신과 부정적인 감정을 갖게 된 것이었다. 새로운 치료사가 이전 치료사에게 연락을 취해 사정을 설명하자 치료사는 종결할 때가 되지 않은 내담자들을 자신의 사정으로 인해 그만 두게 되는 것이 마음에 걸렸고 미안했기 때문에 연락처를 달라는 내담자들의 요구를 깊은 생각 없이 들어주었다고 하였다. 특히 이 내담자는 치료도 순조롭게 진행되었고 애착이 가는 내담자였기 때문에 더 마음이 쓰였는데 자신도 이렇게까지 지속적으로 연락을 할지는 몰랐고 만나자는 요구까지 하는 내담자에게 대놓고 거절하기는 어려워 반응을 보이지는 않았지만 안 그래도 어떻게 해결해야 할 지 고민 중이었다고 하였다. 내담자는 답장도 하지 않을 거면서 연락처를 직접 적어주며 연락하라고 한 이전 치료사를 이해할 수 없었고 그동안 자신에게 보였던 치료사의 애정이나 치료과정 모두를 거짓으로 생각하게 된 것이었다.

이런 예가 어느 정도로 흔하게 일어나는지는 모르겠지만 의외로 많은 치료사들이 종결하는 시점에서 내담자와 서로 이메일 주소나 연락처를 주고받는 것을 관찰하였고 그런 행동의 의미를 깊게 생각해 본 적이 없음을 알게 되었다. 물론 어떤 기관에서 어떤 내담자들과 어떤 성격의 미술치료를 진행하였는지에 따라서 그런 행동이 허용적으로 여겨지는 경우도 있지만 치료 종결 후에까지 연락을 하고자 하는 치료사나 내담자의 욕구는 탐구의 대상임에는 틀림없다. 게다가 내담자가 가진 이슈와 치료사의 탐구되지 않은 개인적인 욕구가 만나게 되면 반치료적인 형태로 진행이 될 가능성도 있다. 위의 내담자의 경우에도 마찬가지로 친밀감에 대한 두려움으로 사람 사귀는 것이 무척 어려웠던 내담자가 친밀감을 느끼던 치료사에게 거절당했다는 생각으로 인해 더욱 더 대인관계에서의 어려움을 호소하게 되었던 것이다. 비록 이 일이 경계라는 개념에 대해 탐구하면서 내담자의 이슈에 직접적으로 접근하는 계기가 되었기 때문에 치료적인 측면에서의 이득도 있었지만, 내담자가 무척 힘든 과정을 거친 것도 엄연한 사실인 것이다.

물론 치료사들이 자신의 개인 연락처를 이용하여 내담자와 직접 치료시간을 조정하고 연락사항을 주고받는 경우도 있다. 그런 문맥 하에서라도 이런 연락이 치료가 종결된 후에도 다른 성격으로 변하여 유지되어야 할 필요는 없는 것이다. 경우에 따라서는 종결했던 내담자를 다시 만나게 되는 경우도 있고 조언을 구하거나 선택의 기로에서 의견을 듣고 싶어 하는 경우도 있다. 그러나 이런 경우는 모두 양쪽 다 감당할 수 있는 적절한 수준에서의 만남이나 연락이 될 것이지 또 다른 관계로 진행되지는 않는 것이 적절하다. 다시 말하지만 종결 후에 사적인 관계를 발전시키는 것이 염려스러운 이유는 그동안의 치료 성과를 유지시킬 수 있는 치료적인 환경을 유지하라는 것이지 비인간적으로 내담자를 모른 척 하라는 의미는 아니다. 어느 관계에서나 마찬가지이지만 관계 내에 있을 때는 최선을 다하고 헤어질 때는 잘 헤어지는 것이 중요한 요소라는 점을 기억하길 바란다.

인터넷 상에서의 경계

마지막으로 짧게 덧붙이고 싶은 것은 인터넷 상에서의 교류나 경계 개념에 대한 논의이다. 이 개념은 상대적으로 연구가 많이 이루어 지지 않은, 새로이 대두되는 개념이기 때문에 어떤 의견을 제시 한다기 보다는 개개인의 치료사들이 한 번 생각해 보아야 할 의문점을 제시한다고 생각해 주길 바란다. 가끔 인터넷 상에서 미술치료사들의 홈페이지나 블로그를 방문할 때가 있다. 그러면 그 안에서 미술치료사로서의 고민과 노력의 흔적들과 함께 자신이 진행하는 미술치료 세션에 관한 이야기들 그리고 미술치료 시간에 제작된 내담자의 작품 사진들을 발견할 때가 있다. 물론 동의서에 입각해서 내담자의 허가를 받은 내용들이라고 생각하고 싶다. 웹 공간은 또 다른 소통의 공간이기 때문에 그 안에서도 많은 토론과 의견 나눔이 이루어질 수 있다. 그러면서 한편으로 그 공간에 그런 내용을 펼친 치료사의 의도는 어떤 것들일지 궁금하기도 하다. 왜냐하면 세션 일지와 내담자의 작품 사진이 치료사의 삶의 궤적을 설명하는 지극히 개인적인 용노로 사용된 경우도 보았기 때문이다.

또한 인터넷 공간에서 이루어지는 정보의 전파력을 고려해볼 때 정보사용의 범위가 어떻게 제한될 수 있을지 그리고 이런 내용들이 아무런 인증절차 없이도 열람할 수 있는 경우에 내담자의 사적 정보 유지는 어떻게 이루어 질 수 있을 것인지에 대한 의문 역시 가지게 된다. 전파력과 저작권의 문제만을 생각해 보아도 학회에서 사례를 발표하면서 내담자의 사진을 익명으로 발표하는 것과 책자로 만들어 출판하는 것, 그리고 인터넷에 올린 경우를 비교해서 생각해 본다면 왜 이러한 고민이 필요한지 더욱 명료해진다. 그러나 현재도 그렇듯이 앞으로의 우리 사회의 정보 교류 형태를 생각해 볼 때 이렇게 웹 상에서 이루어지는 상담이나 사례 발표 등은 더 활발해 질 것으로 생각한다. 그렇기 때문에 이에 관한 윤리적인 원칙이 시급히 정해져야 하며 그 전까지 개개인의 치료사들은 내담자의 권익을 최대한 보장할 수 있는 방향으로 행동을 결정하는 것이 현명할 것이다.

이와는 조금 다르지만 인터넷 공간에서의 경계에 관한, 한 미술치료사의 경험도 소개하고자 한다. 이 치료사에게는 새로 만나기 시작한 내담자가 있었는데 이 내담자가 치료시간 후에 집에 돌아가서는 치료시간에 나눈 이야기들에 관해서 이메일을 보내기 시작했다는 것이었다. 처음에는 치료사가 한 말이 이해가 되지 않는다는 질문으로 시작하여 치료사가 답장을 보내기 시작했는데 어느새 보니 일주일에 한 번은 치료실에서, 그리고 나머지 엿새는 이메일을 통해 치료를 하는 것과 다름이 없게 되었다는 것이다. 그래서 내담자와 이 문제를 상의한 끝에 이메일을 통한 연락은 일정 변경 같은 내용에만 국한시키고 치료시간에 이야기를 나누자는 합의를 하였다고 한다. 이 치료사가 말하기를 물리적으로 정신적으로 많은 시간을 보내야 하는 것도 부담이었을 뿐만 아니라 내담자가 마치 나머지 공부를 예상하고 수업시간에 딴청 부리는 학생처럼, 치료시간에는 집중도도 떨어지고 치료사와 만나는 자리에서는 이야기를 하지 않고 나중에 메일에서만 속이야기를 하는 등 치료시간에 내담자의 이슈에 초점을 맞춰가는 것이 매우 어려워졌기 때문이라고 하였다. 이 미술치료사는 처음에는 워낙 홈페이지를 통해 상담신청도 이루어졌고 치료 개시 이전에 미술치료에 대한 문의나 일정 조정 등이 이메일을 통해서 이루어졌기 때문에 이메일로 이야기를 나누는 것이 무척 자연스러웠었고 그래서 이런 일이 생길 것이라고는 생각하지 못하였다고 하였다.

이 사례에서도 알 수 있듯이 어느 누구에게나 경계에 대한 문제를 처음부터 완벽하게 이해하고 적절하게 관계를 맺어나가는 것은 거의 불가능하다. 상황이 유동적이기도 하고 개인이 알고 있는 경험 자체에도 제한이 있기 때문이다. 그러므로 다른 사람의 경험에도 귀를 기울이고 자신이 가지고 있는 경계에 대한 개념을 점검하며 이에 관련된 일이 생겼을 때 다각도로 탐구하는 노력이 요구된다.

3. 건강한 경계 설정을 위한 노력

그렇다면 형성된 다중관계를 포함하여 치료사와 내담자 사이의 건강한 경계는 어떻게 설정되고 유지될 수 있을까.

첫 번째로는 치료를 개시하기 전에 만일 다중관계가 있거나 혹은 이후 예상된다면 이러한 다중적인 역할을 어떻게 수행할 것인지 점검해야 한다(APA, 1995). 치료사로서의 나의 행동이 어떤 영향력을 가질 것인가에 대한 인식과 고려가 없는 행동은 비윤리적이다. 그러므로 맺고자 하는 다중적인 관계가 누구의 욕구와 요구에서부터 비롯되었는지 그리고 그 의도는 무엇인지를 객관적이고 면밀하게 살펴보아야 한다. 만일 치료사가 자신의 사적인 욕구를 만족시키기 위한 목적으로 시작한 다중적인 관계라면 앞서 말한 대로 내담자가 그 치료에서 혜택을 받을 것이라고 확신하기는 어렵다. 마찬가지로 내담자의 요구에 의해 시작된, 혹은 불가피한 다중적인 관계라고 해도 그것이 치료 시간에 다루어지지 못한다면 오히려 반 치료적인 만남이 이루어 질 수도 있음을 명심해야 한다. 이는 앞의 예 4를 통해서도 확인할 수 있다.

두 번째로, 예상되는 문제점들을 점검하고 만일 문제가 발생할 경우의 해결 통로도 생각해 본다. 이러한 점검 과정을 내담자와 같이 하면서 적절한 치료 환경을 유지하기 위한 노력을 함께 하도록 한다. 또한 예측하지 못한 문제나 갈등이 생길 수 있음을 주지하고 내담자와 이를 자유롭고 진솔하게 이야기할 수 있는 환경을 조성하는 것이 무엇보다도 중요하다(Corey 외, 1998).

내담자들은 치료사에 대해 애정과 감사를 표현하는 것에는 익숙하지만 치료사에게서 느끼는 불편함이나 갈등 같은 부정적인 감정에 대해서 이야기하는 것은 상대적으로 어려워하는 경우가 많다. 이는 치료사를 권위자로 인식하기 때문인데 우리나라의 문화적인 특성상 권위자에 대해 부정적인 감정을 드러내놓고 표현하는 것은 쉽지 않다. 그러므로 치료사는 이러한 특징을 잘 인식하여서 내담자에게 앞으로 생길 수 있는 의견의 불일치, 갈등, 불편함, 불신 등의 부정적인 감정을 사적인 감정으로 발전시키지 않고 치료환경 내에서 진솔하게 다루는 것이 중요함을 알리도록 한다. 그러기 위해서는 내담자가 이러한 불편함을 표현했을 때 치료사가 방어적으로 반응하거나 역시 사적인 감정으로 받아들이지 말고 열린 마음으로 내담자의 감정을 경청하고 수용하며 같이 다루는 태도를 갖추어야만 한다. 앞의 예를 살펴봐도 알 수 있듯이 다중적인 관계

자체의 형성과정이 문제라기보다는 권위자인 치료사에 대해 가지고 있던 의구심을 자기 혼자서 껴안고 끙끙 앓았기 때문에 문제가 해결될 수 있는 통로가 없었던 것이 더 큰 문제인 경우가 많다.

또한 문제점에만 초점을 맞추는 것이 아니라 이러한 관계에서 얻어질 수 있는 이득도 점검해보아야 한다. 사회적인 관계가 치료적인 관계까지로 발전한다는 것은 치료사가 이미 전문가로서의 자질을 인정받고 신뢰까지 얻고 있다는 것을 의미한다. 그만큼 신뢰 형성 과정이 단축될 수 있고 마음의 부담이 적은, 편안하고 자연스러운 환경이 조성될 수 있다는 장점도 있다. 실제로 직접적으로 알지는 않더라도 아는 사람과 이러한 관계 하에 있다는 사실로 인해 그렇지 않았더라면 치료받는 것을 거부하거나 포기했을 사람들이 치료를 받게 되는 경우도 심심치 않게 찾아볼 수 있다. 그러므로 치료사는 이러한 이점을 잘 살려 치료에 긍정적인 영향을 줄 수 있도록 노력해야 할 것이다.

이와 함께 건강한 관계가 유지될 수 있는 방법을 모색하는 것이 필요하다. 즉 치료사와 내담자로서의 명료한 경계, 그리고 다른 관계 안에서의 명료한 경계에 대한 논의가 이루어져야 한다. 우리는 종종 치료사가 내담자의 일거수일투족에 대해 파악하고 있어야만 치료가 가능하다고 생각하는 치료사들을 만날 수가 있다. 그러나 한 개인이 한 개인에 대해 알 수 있는 범위에는 제한이 있다는 것, 그리고 생활의 한 부분으로서 치료가 차지하는 범위에도 제한이 있다는 것을 알아야 한다. 무엇보다 내담자도 누구와도 공유하지 않아도 되는 사적인 영역이 있음을 명심하여야 할 것이다. 다시 말해 내담자와 치료사 모두에게 자신의 사적 공간이 존재함을 인식하고 그 공간을 존중해주는 자세가 필요하다. 경계에 대한 개념은 아주 어린 시절부터 자신이 속한 문화권 내의 가치와 내적인 성향에 따라서 한 개인 내에 자리 잡게 된다. 그렇기 때문에 사람과 사람이 만날 때 전면에서 다루어지지 않고 파악하기도 어렵다는 것을 이해하는 것도 필요하다.

다중적인 관계를 건강하게 유지하기 위해서 치료사 개인의 노력만으로는 부족한 경우도 있을 것이다. 왜냐하면 누구나 자신에게 생긴 문제를 객관적이고 이성적으로 판단하기는 매우 어렵기 때문이다. 그렇기 때문에 항상 자문을 구하고 수퍼비젼을 받을 수 있는 통로를 열어놓아야 한다(Corey & Corey, 2007). 이러한 자문이나 수퍼비젼은 다중적 관계를 고려하는 초기부터 이루어지는 것이 중요하다. 그 단계에서부터 상황을 이해하고 판단을 내릴 수 있는 객관적인 눈이 필요하기 때문이다.

마지막으로 이러한 모든 노력에도 불구하고 다중관계가 건강하게 유지되지 않고 치료를 통해 내담자가 이득을 보지 못한다면 내담자를 다른 전문가에게 소개하도록 한다.

그렇다면 치료사-내담자의 관계는 어떻게 정의할 수 있을까. 여기에 왈츠를 추기 위해 서로 마주보고 선 두 사람을 상상해보자. 인사를 나누고 절차에 따라 손을 맞잡는다. 음악이 흘러나오면 쿵짝짝 박자에 맞추어 큰 원을 그리며 돈다. 파트너와의 팀워크가 없이는 흐름을 따라가기 힘들다. 그러기 위해서는 파트너에 대한 믿음이 필요하다. 그렇다고 너무 가까이 가면 스텝이 꼬이고 발을 밟을 수도 있다. 그렇게 고비고비를 넘어가고 음악이 멈추면 예를 갖춰 인사를 나누고 헤어진다. 치료적 관계도 결국은 이런 것이 아닐까 싶다.

4. 치료사의 사적 정보 공유 및 욕구에 대한 점검

치료사의 사적 정보 공유

내담자들은 자신의 치료사가 몇 살인지, 어느 학교를 나왔는지, 결혼은 했는지, 형제자매, 자녀는 몇이나 되는지, 어디서 사는지 궁금해 한다. 때로는 좋아하는 색깔이나 음식 같은 취향이나 취미를 묻기도 하고 어떤 사건이나 상황에 대한 치료사의 생각이나 느낌을 묻기도 한다. 그런가하면 자신을 어떻게 생각하는지도 궁금해 한다. 이러한 다양한 질문에 대해 치료사는 어떤 대답을 할 수 있을까.

우리 사회에서는 누군가를 사귀려면 일단 요식행위와도 같은 호구 조사가 끝나야 한다는 말을 자주 한다. 나이를 포함한 기본적인 신상 정보를 앎으로써 사회적인 테두리에서 상대를 어떻게 대해야 하는지를 가늠하게 되는 것이다. 이런 맥락에서 치료시간에 내담자가 하는 치료사 개인에 대한 질문은 기본적인 신뢰관계로 나아가기 위해 치료사와 사귀려는 시도라고 볼 수 있다. 치료사가 내담자에 대한 기본적인 정보를 알고 있는 것처럼 내담자도 치료사에 대한 기본적인 지식이 필요한 것이다. 이런 관계를 바탕으로 해서 내담자는 자기에 대해서 좀 더 많은 것을 공개할 수 있는 것이다.

그러나 궁극적으로 치료는 사교를 목적으로 한 만남은 아니다. 또한 치료시간의 대부분은 내담자에게 초점을 맞추고 있다. 그런 기본적인 이유만으로도 치료사의 개인 신상에 대한 질문이 길어지는 것은 적절하지 않다고 할 수 있다. 그렇다고 치료사가 자신에 관한 이야기는 전혀 하지 않은 채 모든 이야기를 내담자에게만 돌리고 심지어는 궁금한 것도 풀어주지 못한다면 친해지고 싶다는 내담자의 요구를 무시하는 것 같은 인상을 줄 수 있고 이에 이어서 내담자가 자신의 이야기를 하는데 소극적이 되거나 위축될 수도 있다.

그러므로 핵심은 어떤 형식으로, 어떤 정보를 어느 정도 내담자와 공유할 것인가에 대한 논의이다. 여기에 정해진 기준이 존재하는 것은 아니지만 일반적으로 치료와 관계없는 사생활은 될 수 있으면 노출하지 않는 것이 좋다. 예를 들어 치료사가 자신의 배경, 즉 어디서 어떠한 공부를 했고 훈련을 받았는지에 대한 정보나 이전 치료 경험에서 얻은 지식들, 그리고 내담자가 도움을 받을 수 있는 치료사의 사회적 연계 지지망 등은 내담자에게 제공될 수 있는 정보이다. 이는 초기 면접 시부터 제공됨으로써 내담자가 치료사를 선택하고 치료 개시 여부를 결정하는데 도움을 주기도 하며 치료사의 전문성에 대한 신뢰를 구축하기 위한 목적을 갖기도 한다. 이에 비해 나이, 결혼 여부, 가족 관계, 사교 활동 등은 치료사의 사생활에 속하므로 내담자에게 기본적으로 제공하는 정보는 아니다. 하지만 치료사와 내담자가 인간적인 신뢰를 기본으로 하여 함께 하는 작업이 치료라는 전제를 두고 볼 때 문맥에 따라서는 치료사가 자신에 대해서 내담자와 함께 이야기 나누는 경우가 자연스럽게 생길 수도 있다. 물론 여기에는 문화적인 차이가 존재한다.

동서양의 차이는 물론 개개인이 자라온 사회나 집안 분위기, 속한 집단의 분위기 등 작은 규모의 문화에서도 차이를 보이기 때문에 개개인이 생각하는 사적 영역에 대한 경계는 매우 다양하다. 그러므로 어떤 치료사는 내담자가 기대하는 수준 이상으로 자신의 이야기를 자연스럽게 할 수도 있고 또 어떤 치료사는 가장 단순할 수 있는 질문까지도 불편해 할 수 있다.

아동발달센터에서 일을 하던 때의 일이다. 어느 날 부터인가 한 아이의 어머니께서 부모 상담 시에도 시선을 잘 마주치지 않고 무언가 불편해하시는 것이었다. 치료에 대해 의문점이 있으신가 물어보면 아니라고 하셨지만 분명히 이유가 있는 불편함임을 느낄 수 있어서 자리를 마련하고 이야기를 나눈 끝에 그 이유를 알게 되었다. 어느 날 어머니께서 아이를 데리고 씨름을 하면서 아이스크림을 먹고 있었는데 유리창 너머로 내가 내 아이와 손을 잡고 걸어가고 있는 것을 보셨다는 것이다. 의외의 장소에서 만난 것이 무척 반가웠는데도 한편으로는 저렇게 아무 문제없는(?) 아이를 키우는 치료사가 내 아이를 어떻게 이해하고 내 마음을 어떻게 이해할까 하는 생각이 들었다는 것이다. 본인 스스로도 너무 말이 되지 않는 생각이라 떨쳐버리고 싶었지만 자꾸 떠오르는 것까지 막을 수는 없었다고 하였다. 그 전까지는 신뢰를 받고 있는 치료사였던 내가 내 아이가 노출됨으로 인해 하루아침에 의구심이 드는 치료사가 된 것이다.

이에 대해 무엇이라고 이야기해야 할까? 내 아이가 아무 문제가 없는 것이 아니라 나도 힘든 일이 있다고? 그래도 내가 공부한 게 있고 경험이 있으니 치료사로서의 역할을 잘 할 수 있다고? 나는 그런 이야기보다 우선은 보호자가 느끼는 그 마음을 먼저 헤아리는 것이 중요하다고 생각했다. 본인 스스로도 인정하지 못하는 생각을 마음에 두고 있었으니 얼마나 불편했을 것인가. 그리고 나를 치료사로서 뿐만이 아니라 아이를 키우는 엄마의 입장에서 동지의식도 많이 가지고 있었음을 이해했다. 한편으로는 그런 생각을 강하게 하도록 만든 내 모습도 인식할 수 있었는데 내가 만나는 아이들의 보호자들의 신뢰를 단시간 내에 별 수고 없이 얻기 위해 나도 애 키우는 엄마라는 동지의식을 필요 이상으로 강조하지 않았던가 하는 반성도 했다.

내담자로부터의 반응은 어떤 경우는 쉽게 납득이 되지 않는 경우도 있지만 그럼에도 불구하고 그것은 내담자가 실제로 생생하게 느끼는 감정이다. 그런 감정에 대해 어떻게 다룰지 난감하다고 해서 치료사가 전혀 사생활이 없을 것 같이 보이는 사람이 되거나 있는 가족을 없는 척 하거나 자신이 아닌 다른 사람이 되라는 것은 아니다. 다만 굳이 내담자와 공유하지 않아도 되는 정보를 나눌 이유는 없다는 것이다. 그러면 이제 이런 상황은 어떻게 다루어야 하는가가 우리의 관심사가 될 것이다.

우선 내담자가 치료사의 신상에 관해 질문을 하면 어떻게 할 것인가? 치료사는 내담자가 왜 그 질문을 하는지 즉 그 질문의 의도가 무엇인지를 먼저 파악하여야 한다. 많은 경우 질문에 곧이곧대로 대답하는 것보다 이렇게 의도를 헤아려서 하는 대답이 훨씬 더 적절한 경우가 많다. 예를 들어 내담자가 치료사의 나이를 물어볼 때 내담자가 그 질문을 통해 얻고자 하는 것이 무엇일지 생각해 보자. 내담자는 별로 커다란 의미를 두지 않고 말문을 열거나 다른 이야기를 시작하기 위해서 묻는 것일 수도 있다. 그런 경우 나이를 말해주어도 기억하지 못하는 경우도 있고 더 자세히 묻거나 하지 않는다. 그런가하면 나이를 묻는 질문 안에는 '내가 보기에 당신이 내 문제를 이해하고 내 삶을 이해하며 나를 도와줄 수 있을 만큼 충분한 경험과 연륜이 있어 보이지 않는다' 는 의미가 담겨있을 수도 있다. 그러므로 이런 경우 내담자의 질문에 곧이곧대로 나이를 이야기한다 해도 내담자의 의문이 해결되는 것은 아니다. 오히려 내담자의 그런 불안감이나 의구심을 수용하고 자신이 받은 훈련에 대해 과장되지 않게 솔직히 설명하며 치료에 임하는 치료사의 진솔한 노력을 보여주는 것이 질문에 대한 적절한 반응일 것이다. 또 예전에 어떤 아동은 치료사에게 아이가 있는지 있다면 몇 살인지 무척 궁금해 했었는데 그 이유는 치료사를 온전히 자신만의 보호자처럼 독점하고 싶은 욕구가 있었기 때문이었다.

그러니까 어떻게 보면 내담자들이 치료사의 개인 삶이 궁금한 궁극적인 이유는 치료사로서 온전히 자신을 도와줄 준비가 된 사람인지를 확인하고 신뢰하고 싶어서인 경우가 많다고 생각한다. 예전에 부부문제로 상담을 받기 위해 치료사를 물색하던 한 친구를 만난 적이 있는데 치료사의 부부금슬이 어떤지가 매우 궁금하다는 것이었다. 그 이유인 즉 만일 부부사이가 매우 좋은 치료사라면 과연 자신의 고민이나 고통을 이해할까 싶어서 걱정이고 반대로 부부사이에 갈등이 있는 치료사라면 이해의 폭은 깊다 해도 정작 자신의 문제도 해결하지 못하면서 내 문제를 어떻게 도와줄 수 있을 것인지 걱정이 되기 때문이라는 것이었다. 이러한 생생한 보고를 듣고 나서 더욱 더 이러한 생각을 갖게 되었는데 결국 치료사는 내담자의 의도를 헤아려 자신이 충분히 내담자를 도와서 치료를 이끌어나갈 능력과 준비가 되어 있다는 것을 설명하는 것이 중요하다고 본다. 물론 이런 설명이 어색하기도 하고 잘 표현되지 않을 수도 있지만 지속적인, 열정적이고 진지하면서 솔직한 태도를 통해서도 전달될 수 있다는 것을 기억하자.

치료사의 사적 욕구의 점검

상대방에 대해 알고 싶어 하는 순수한 관심은 사람과 사람 사이에서 매우 자연스러운 일이다. 사람을 사귄다는 표면적인 행동에는 관심을 주고받으면서 친밀감을 느끼고 싶어 하는 욕구가 있기 때문이다. 그런데 이런 친밀감에 대한 욕구가 치료적 장면에서는 어떻게 나타날까? 내담자의 입장에서 보자면 치료사가 내담자에 대해 갖는 애정이나 친밀감이 중요한 정서적 지지가 될 수 있기 때문에 긍정적인 치료 결과를 얻는 데 기여할 수 있다.

그렇다면 치료사가 내담자로부터 애정이나 친밀감을 얻고자 하는 것은 어떠한가? 이는 신뢰라는 측면에서 역시 긍정적인 기여를 할 수 있다. 내담자가 자신의 치료사에 대해 애정을 느끼고 친밀감을 느낀다면 치료에 적극적으로 참여할 것이고 치료사 역시 자신에게 애정과 친밀감, 신뢰감을 표현하는 내담자에게 더욱 더 긍정적으로 반응하기 때문에 이러한 배경에서 긍정적인 결과가 나타날 가능성이 높다는 것이다. 그런데 문제는 치료사가 얻고자 하는 내담자의 애정이나 친밀감이 누구를 위한 것인가 하는 그 이면의 동기나 의도를 잘 살펴보지 않는다면 이런 긍정적인 영향을 얻기는 커녕 반 치료적인 관계를 형성하게 될 가능성이 매우 높다는 것이 주의할 점이다.

치료사가 되고 싶어 하는 사람들에게 왜 치료사라는 직업을 선택하였는지 그 개인적인 욕구나 동기에 대해 조사한 연구가 있다. 그 연구의 결과 남을 돕는 일을 직업으로 가지고 있는 사람들은 다른 사람에 대한 애정이나 관심이 많고 이타심이나 사회에 기여하고 싶은 욕구들이 많은 것으로 나타났는데 이 이면에는 다른 사람에게 소중한 사람이고 싶은 욕구가 있는 것으로 보고되었다. 이는 다시 다른 사람으로부터 강한 친밀감을 원하며 다른 사람에게 영향력을 행사하고 싶은 욕구와도 연결된다(Wadeson, 1987). 이 결과에 대해 많은 치료사들은 고개를 갸웃거리기도 하는데 치료관계를 한 번 떠올려보도록 하자. 일반적으로 치료기간동안 치료사와 내담자는 일주일에 한 번씩 정해진 시간에 정해진 장소에서 일정한 시간동안 만난다. 이 만남에서는 다른 사람들에게는 한 번도 이야기 할 수 없었던 내용들이 다루어지고 강한 정서적인 경험을 하며 자신의 성장 잠재력을 이끌어내어 삶의 주체가 되는 법을 배우고 연습한다. 그렇기 때문에 이런 구조에서 내담자와 치료사는 애정을 주고받는 친밀한 관계를 발전시킬 수 있는 것이다. 내담자가 자신의 치료사에게 애정을 느끼고 치료사를 자신 삶의 소중한 인물 중의 하나로 여기는 것만큼 치료사 역시 자신의 말에 집중하고 자신을 좋아해주는 내담자에게 애정을 느끼고 소중하게 생각한다.

또한 치료사는 내담자를 돕도록 전문적으로 훈련된 사람인데 만일 자신의 행동이나 말 같은 치료적 중재가 내담자에게 별 영향을 끼치지 않아도 상관없다는 생각을 하면서 치료에 들어오는 치료사는 거의 없을 것이다. 이는 다시 말해 자신의 어떤 노력이 한 사람에게 매우 중요하고 의미 있는 영향을 끼칠 것임을 알고 그런 영향력에 대한 욕구가 있는 사람이 치료사를 한다는 것이다. 그런 의미에서 치료사가 얼마나 주도적이고 직접적인지 정도의 차이는 있을지 몰라도 기본적으로 애정에 대한 욕구나 영향력에 대한 욕구가 많음을 알 수 있다. 그러므로 비단 치료사로서 내담자를 돕는 입장에서의 이타적인 욕구만을 볼 것이 아니라 치료에 연계되어 있는 치료사 개인의 욕구에도 주목할 필요가 있다. 다시 말해 치료사도 자신의 삶의 의미를 찾기 위해 내담자를 만나고 내담자로부터의 애정이나 인정이 치료사를 만족시켜준다는 것이다.

그런데 문제는 이런 치료사의 개인적인 욕구가 치료 장면에서 갈등을 일으킬 수 있다는 데 있다. 예를 들어 내담자로부터의 승인이나 존경을 유지하고 싶은 치료사의 개인적인 욕구가 너무 강하다면 과연 그 치료사가 내담자로부터의 거부나 공격을 무릅쓰고도 필요하다고 생각하는 치료적 개입을 할 수 있을까 하는 의문이 든다. 다시 말해 치료사로서의 공정하고도 객관적인 시각을 제공해야 하는 바로 그 시점에서 내담자와의 갈등이 예상될 경우 소신대로 접근할 것인가 아니면 내담자가 듣고 싶어 하는 말을 함으로써 내담자로부터의 애정이나 존경을 유지하고 싶어 할 것인가.

이런 상황에서의 판단은 쉬운 것은 아니다. 왜냐하면 대면이나 직면이라는 개입은 언제 어떻게 하느냐가 매우 중요하기 때문이다. 다시 말해서 내담자가 현실을 직면하도록 치료사가 객관적인 시각을 제시할 수 있는 최적의 타이밍에 대한 확신이 들지 않기 때문에 그런 접근을 매번 미루면서도 이는 자신의 개인적인 욕구 때문이 아니라 내담자가 아직 준비가 되지 않았기 때문이라고 믿어버리기 쉽다. 그렇지만 다시 돌이켜 생각해보면 그 순간에 준비되지 않은 사람은 내담자가 아니라 치료사였던 것이 아닐까. 결국 중요한 것은 치료사들이 자기 안에 이런 욕구들이 있음을 인식하고 잘 조절할 수 있어야 한다는 것이다.

치료사가 자신의 개인적인 욕구를 충족시키는 수단으로 치료를 진행하는지 즉 치료가 누구를 위한 치료인지를 점검하기 위해서는 여러 부분을 살펴볼 수 있다. 우선은 치료적인 목적이나 방향에 맞춰 치료적인 개입이 이루어지고 있는지를 점검한다. 치료목적이나 방향은 치료 초기 비교적 객관적인 입장에서 내담자(혹은 보호자)와의 합의에 의해서 결정이 되는데 이러한 목적과 방향에 맞춰 치료가 진행되고 또한 이에 따른 치료적인 효과가 나타나는지를 점검한다면 치료사가 자신의 역할을 적절하게 수행함을 알 수 있을 것이다.

두 번째로는 치료 세션의 점검을 통해서 알 수 있을 것이다. 치료시간에 나누는 이야기의 초점이 어디에 있는가? 치료적인 개입의 의도가 어디에 있는가? 미술작업의 초점은 어디에 있는가? 등을 통해 내담자의 이슈를 시간적으로도 충분히 다루는지 그리고 내담자의 이슈가 중심에 놓여 있는지를 점검한다. 만일 치료사에 대한 이야기를 필요하지 않은 부분까지 상세하게 나누고 있다면 그 의도는 어디에 있는지 살펴볼 필요가 있다. 그런가하면 연예기사나 날씨 이야기, TV 드라마에 관한 정보를 주고받으며 마치 수다를 떠는 것 같이 이야기를 나눈다면 그 의도는 어디에 있는가? 그리고 치료사가 하고 싶은 미술작업을 권유한다거나 작업에 치료사가 너무 많이 관여하고 있지는 않은지 등등 이러한 행동이 누구의 욕구를 더 많이 충족시키는지를 점검해 보도록 한다.

마지막으로는 치료사 자신의 개인적인 점검이 필요하다. 혹시 머리 스타일을 바꾸었을 때 내담자가 그것을 알아봐주길 바라는가? 새 옷을 사면 세션시간에 입고 싶은가? 내담자가 치료사에 대해 관심을 표명했을 때 기쁘다면 왜 기쁜가? 내담자가 타인에 대해서도 관심을 가지게 돼서 기쁜가 아니면 내담자가 알아봐주기 바랬는데 마침내 알아봐주고 멋지다고 이야기해서 기쁜가? 자신에게 중요한 일이 생겼을 때 그것을 내담자와 함께 나누고 싶은가?

물론 이런 점검은 혼자서 판단하기가 쉽지 않기 때문에 관찰자의 도움을 받거나 수퍼비젼 등을 이용하는 것이 중요하다. 하지만 내담자의 반응을 살펴보면 이런 점검이 아주 어려운 것은 아니다.

예를 들어 면밀히 살펴보니 내담자가 어느 때 부터인가 내 건강을 염려하며 자주 걱정 어린 말을 건네는가. 아니면 내 외모에 대해 유심히 관찰하고 변화를 이야기하며 칭찬하는가. 내담자들은 자신의 치료사를 기쁘게 하기 위해 치료사가 듣고 싶어 하는 말을 하는 경우가 있다. 그래서 종종 변화에 대한 욕구를 너무 강하게 표면적으로 표현하는 치료사가 있다면 내담자가 스스로 많은 변화를 느끼지는 못하더라도 치료사가 주장하는 대로의 변화를 보고하는 경우도 있다. 그렇기 때문에 치료사 개인 신상에 대한 내담자의 관심이 증가하고 그에 대한 이야기를 자주 한다면 어떻게 보면 치료사가 그런 이야기를 듣고 싶어했을 수도 있다. 그러므로 자기 스스로 욕구가 어디에 있었는지를 인식하고 그것이 내담자에게 어떤 영향을 미쳤는지를 살펴봄으로써 이러한 이슈를 점검해 볼 수 있다.

치료사도 사람이기 때문에 인간이 가진 이러한 기본적인 욕구가 당연히 존재한다. 그렇다고는 해도 어떤 치료사라고 해도 자신의 개인적인 욕구 충족을 위해 치료시간을 이용했다는 생각이 들면 첫 번째로 치료사로서의 역할을 다하지 못했다는 죄책감을 많이 느낄 것이다. 이는 다시 자기 자신에 대한 신뢰나 자신감에도 부정적인 영향을 미쳐 자신이 치료사로서 자격이 없다고 느낄 수도 있는데 이런 느낌은 어느 누구에게도 도움이 되지 않는다. 그러므로 이러한 일은 훈련과정에서 누구나 경험하는 하나의 과정임을 인식하는 것이 매우 중요하다. 실지로 치료사들이 치료실에 들어가서야 비로소 스스로에 대해서 알게 되는 경우도 있다는 것을 감안하면 치료사로서의 길은 더디지만 긴 호흡으로 끌어나가야 되는 훈련과정이고 그 안에서는 실수도 할 수 있다는 것을 받아들여야 한다. 그리고 이와 함께 치료사들이 열린 마음을 갖고 자신에 대해 이해하고 명료하게 인식하고자 하는 노력을 게을리하지 않는다면 이러한 일들은 좋은 치료사가 되는데 밑거름이 될 것이라고 생각한다.

제7장

종결 : Termination

모든 일에는 시작과 끝이 있듯이 치료도 그렇다. 치료가 개시되면 당연히 언젠가는 종결을 맞게 되는 것이다. 종결은 내담자가 그동안 치료를 통해서 자신의 변화와 새로운 적응 양식을 경험하고 이제 그것을 지팡이 삼아 현실의 자신의 삶을 찾아나가는, 치료가 마감되는 과정을 말한다. 종결 시점은 내담자가 치료에 들어오게 된 이슈들이 어느 정도 해결이 되었을 때를 기점으로 내담자와의 협의를 통해 정해지는데 치료기간이 시작부터 정해져서 종결시점 역시 정해지는 경우도 많고 장기적인 치료에서는 6개월이나 1년 단위로 치료과정과 종결시점을 점검하는 시간을 갖고 이를 통해 결정을 내리기도 한다. 그런데 현실적으로는 이 시기를 결정하는 것은 어렵기도 하고 딴 지역으로 이사를 간다거나 새롭게 바뀐 일정 때문에 시간이 도저히 맞지 않는다거나 직장을 옮긴다거나 하는 생활에서의 변화 때문에 어쩔 수 없이 종결이 되기도 한다. 그런가하면 치료사가 내담자의 이슈를 전문적으로 다루지 못하거나 역전이 경험을 극복하지 못했을 때, 치료적인 접근이 적절하게 이루어지지 않을 때에도 예상보다는 빠른 종결이 이루어지기도 한다. 물론 이런 경우 내담자의 상황에 맞게 다른 치료 프로그램이나 치료사에게 의뢰하기도 한다.

그런데 일반적으로 치료 개시 초기에 내담자를 이해하고 파악하는 과정, 치료적인 개입이 이루어지는 과정에 대한 정보는 많이 제공되는 반면 치료 종결에 대한 정보는 상대적으로 적은 편이다(Levinson, 1977). 치료는 내담자가 치료실에 찾아와야 개시된다. 그러나 종결은 내담자와 치료사가 의논하여 결정하는 것이 이상적인 만큼 치료사의 의견이 반영되는 과정임에도 불구하고 치료사들이 과연 어느 시점에서 내담자와 종결할 수 있는지 독립적으로 결정내리는 것을 매우 어려워하는 경우가 많다. 요즘 이메일로 문의를 하거나 도움을 요청하는 미술치료사들을 종종 만날 수 있는데 그 중에는 처음 연락하는 것인데도 불구하고 자신이 맡은 사례에 대해 설명하고 나서 과연 언제 종결을 해야 할 지 알려달라는 경우도 여러 번 있었다. 물론 내 입장에서는 그런 판단을 내릴 만큼의 정보도 교류되지 않았기 때문에 원론적인 이야기를 하는 수준의 답 밖에 할 수가 없었는데, 너무 난데없다는 생각을 하면서도 한편으로는 얼마나 답답하고 막막했으면 알지도 못하는 사람한테까지 이렇게 이메일을 보냈을까 하는 생각을 하곤 한다. 그만큼 외부적인 요인에 의하거나 약속한 시점에서의 종결이 아니고 치료과정을 지켜보면서 종결 시점을 판단하는 것은 여러 가지 이슈가 연결되어 있기 때문에 어려운 일이라고 생각한다.

일반적으로 종결과정에 대한 정보에서 가장 큰 비중을 차지하는 것은 바로 치료적인 성과를 어떻게 평가하느냐 이다. 치료과정에서 어떠한 성과를 이루어냈는지 하는 문제는 다름 아닌 내담자의 변화나 성장을 의미하므로 치료사뿐만 아니라 내담자에게도 중요한 가치이다. 그렇기 때문에 이 문제는 굉장히 중요한 부분이기도 하다. 예전에 어떤 기관에서 미술치료사를 추천해달라면서 자격요건 중의 하나로 '자신이 진행한 미술치료 프로그램을 평가하고 결과를 정리할 수 있는 능력'을 제시한 적이 있다. 일반적으로 훈련의 정도나 자격 정도를 제시하는 터에 이러한 자격요건이 흥미로워 물어보니 그간 기관에서 경험한 미술치료사들이 미술치료를 계획하고 내담자를 만나고 미술치료를 진행하는 데는 능숙한 사람이라고 해도 자신들이 한 일에 대해 단순하게 보고하는 것 이상으로 내용을 객관적으로 평가하고 결과 리포트를 작성하는데 있어서는 미숙한 것을 많이 보았다는 것이다. 미술치료사 본인도 결과에 대한 평가와 점검에 확신을 갖지 못한다면 그것을 다른 사람들에게 납득시키는 것 역시 어려울 것은 자명하기 때문에 이러한 자격 요건을 덧붙이게 되었다는 설명이었다. 나 역시 결과 평가 능력이 미술치료사의 중요한 덕목 중의 하나라는 데 동의한다. 그러나 이에 못지않게 종결은 정서적으로 강한 경험을 하는 과정이다. 그렇기 때문에 감정에 대한 고려 역시 성과와 같은 비중을 가지고 다루어져야 함에도 불구하고 그렇지 못한 경우를 많이 찾아볼 수 있다는 점을 지적하고자 하는 것이다.

치료의 종결은 내담자와 치료사간의 치료적 관계의 종결을 의미한다. 만남이 깊으면 헤어짐이 어렵듯이 치료적인 관계가 진지하고 친밀하며 서로에게 큰 의미를 제공했다면 그만큼 헤어지는 것은 고통스럽고 피하고 싶은 것이 될 것이다. 특히 내담자의 경우 자신을 받아주고 이해해주고 용기를 북돋워주며 적절한 도움을 주던 치료 혹은 치료사를 떠나는 것은 두렵고 슬프고 무섭기 때문에 피할 수 있으면 피하고 싶어 한다. 이러한 감정은 단지 내담자에게만 국한되지 않는다. 많은 치료사들과 이야기를 나누다보면 과거 내담자와의 종결 과정에서 다소 기계적으로, 혹은 행정적으로 처리하려고 하였던 자신의 태도를 찾아볼 수 있다고 하였는데 이것이 어쩌면 헤어짐에 얽힌 자신의 감정적인 측면에 대한 탐구는 충분히 이루어지지 않은 상태에서 이별에 따른 복잡함과 고통은 피하고자 했던 의도에서 나온 것이 아닌가 생각해 볼 수 있다.

사람들이 어떤 현상에 대해 갖고 있는 감정과 인식은 그 이전 경험에서 비롯된 경우가 많다. 그러니까 지금 치료사와의 헤어짐은 이전에 그 내담자가 가진 모든 헤어짐에 대한 생각을 불러일으키고 그 경험에서 맛본 감정들이 표현되는 것이다. 그렇기 때문에 지금 내 앞에서 이별을 맞는 내담자의 모습은 그 내담자가 이전 관계들을 끝맺음할 때 보이던 모습이 된다. 역설적으로 들리는 '좋은 이별' 이라는 말은 친밀했던 과거의 관계를 돌아보고 헤어짐을 받아들이고 그 안에서 느끼는 감정들을 솔직하게 나누는 이별이라고 이야기 할 수 있을 것이다. 그런 이별의 뒤에는 물론 아쉬움과 그리움이 남아있긴 하더라도 다시 무리하게 관계를 연장시키려고 시도하거나 시간이 지나도록 감정적인 정리가 되지 않거나 혹은 그 이전의 관계 자체에 대한 왜곡과 오해를 불러일으키거나 하진 않을 것이다. 만나지는 않아도 연결되어 있다고 느끼고 만나지 않는다고 해서 그간의 만남을 부정하게 되지 않는, 그러면서도 항상 든든하고 가깝게 느끼면서 그리워할 수 있는 그런 만남과 이별이라고 설명할 수도 있겠다. 그러나 불행히도 이런 '좋은 이별' 의 경험을 가지고 있는 사람은 매우 드물다. 그렇기 때문에 누구에게나 친밀한 사람과의 이별은 아프고 슬프고 두렵고 무서울 수 있다. 서로가 받아들인 이별이라 할지라도 헤어짐에는 내재적으로 상실감과 거절감이란 것이 담겨있는데 만일 일방적인 만남이었거나 오해가 있었더라면 더더욱 감정적으로, 인지적으로 이별은 받아들이기 어려운 주제가 될 것이다.

이런 과정 속에서 사람들은 나름대로 사람을 사귀는 방식이 있듯이 이별에 대처하는 일정한 패턴을 만드는 경우가 많다. 예를 들어 어떤 사람은 딱히 '안녕' 이라는 마시막 인사 없이 흐지부지 이별을 맞이하는 사람도 있고 어떤 사람은 헤어지지 못하고 공염불이 될 것을 알면서도 다음에 어떤 일을 같이 할지 의논하거나 연락처를 주고받거나 하는 경우도 있다. '안녕' 이라는 소리를 들을 것이 두려워 때가 되지도 않았는데 먼저 '안녕' 이라고 말하는 경우도 있고 아예 사람들과 친밀한 관계를 맺는 것을 경계하기도 한다. 내담자들도 종결이 다가 올수록 세션에 자주 빠지고 집중하지 못하는 것 같이 보이거나 치료사와의 접촉을 피하는 것 같은 인상을 주기도 한다. 이는 될 수 있으면 괴로운 과정을 생략하거나 피하고 싶어 하는 태도라고 할 수 있다. 그런가하면 갑자기 마치 깊숙이 감추어 두었던 비밀 인양 그동안은 이야기하지 않았던 자신에 관한 새로운 이슈를 꺼내기도 한다. 이는 내담자가 그동안 주저하여 말하지 못하였던 사건이나 생각을 미술치료가 끝나간다고 생각하니까 용기를 내어 이야기하는 것일 수도 있지만, 치료의 종결을 받아들이지 못하고 치료를 연장하려는 시도로도 볼 수 있다. 내용에 따라 물론 다르겠지만 만일 중대한 내용이라면 치료사는 종결을 보류하고 치료 세션을 연장하던가 아니면 다른 치료사나 프로그램으로 연계되도록 안내해야 하는 경우도 있다. 그런가하면 종전의 관계와는 조금 다른 관계를 맺기 위한 시도를 하기도 하는데 예를 들어 개인치료를 받았던 내담자가 같은 치료사가 진행하는 그룹치료에 참가하려고 한다거나 치료사가 하는 강의나 워크샵 등에 참여한다거나 하는 식으로 내담자의 입장은 아니라도 치료사의 영역 안에 머무르고 싶어 하는 내담자들도 있다.

이런 반응들과는 조금 다르게 그동안의 치료가 기대와는 많이 달랐다든가 도움이 되지 않았다고 부정적인 감정을 쏟아 내거나 치료사에 대한 실망이나 원망을 털어놓는 내담자들도 있다. 또는 종결은 자신과 무관한 일인 듯 행동하거나 치료가 끝나서 시원하다고 하는 내담자들도 있으며 치료사만 바뀌고 계속 진행되는 그룹에서는 새로 오는 치료사에 대한 관심과 애정을 과하게 표현하는 내담자들도 있다. 그런 경우 치료사가 섭섭하게 느낄 수도 있고 부정적인 생각을 할 수도 있지만 이런 행동들도 종결에 대한 감정들의 반영이라는 점에서는 앞에서 든 예와 같다는 것을 이해하고 있어야 한다.

치료사들 역시 내적으로 느끼는 감정은 내담자와 크게 다르지 않을 것이다. 다만 적절한 행동에 대한 정보가 있으므로 행동 면에서는 아마 차이를 보일지도 모르겠다. 치료사 역시 일정한 기간 동안 친밀한 관계를 유지하던 내담자와 헤어지는 것은 슬프고 아쉬우며 때론 안타깝기도 하다. 그래서 떠날 준비가 된 내담자를 떠나보내지 못하는 계속 치료기간을 연장하는 치료사도 있고 홀로 서기를 불안해하는 내담자에게 민감하게 반응하는 것이라고 믿으면서 오히려 홀로서기를 지연시키는 경우도 있다. 이러한 행동의 이면에는 아마 누군가에게 중요한 사람으로서의 자신의 의미를 유지시키고 계속 자신을 필요로 하는 누군가의 존재로 인해 자신의 정체성을 확인받고자 하는 의도가 숨어있는 것은 아닐까 싶다. 그러나 많은 치료사는 이러한 감정이 알려지거나 나아가 내담자와 나누는 것을 불편해하는 경우도 많다. 물론 치료사의 경우 자신의 감정을 어느 정도까지 나눌 것인지는 조심스럽게 살펴볼 필요가 있다. 왜냐하면 많은 경우 치료적인 관점에서 필요하기 이전에 수퍼비젼이나 개인치료시간에 다룰 치료사의 개인 이슈가 포함되어 있기 때문이다. 그러므로 헤어짐이 슬프고 아쉬우며 그간의 만남이 중요한 경험이었다는 것을 내담자와 자연스럽게 나눔으로써 그간의 진솔한 관계의 정수를 유지하기 위해서는 치료사 스스로의 개인적인 성찰을 통한 이별과 만남에 대한 탐구가 우선되어야 한다. 여기서 다시 한번 치료사의 인격적인 성찰이 얼마나 중요한지를 강조하게 되는 것이다. 만일 치료사가 자신이 이별을 어떻게 생각하고 어떻게 맞이하는지에 대한 이해가 없다면 내담자의 이슈와 치료사의 이슈가 얽혀서 겉으로 보기에는 두 사람 모두 만족스러울지는 모르지만 치료적으로 적절한 개입이라고 보기 어려운 일이 일어나기도 한다. 실지로 한 사례에서 치료사는 자신이 헤어지는 것에 미숙하고 두려워 한다는 사실을 의식 표면에 떠올리지 않고 겉으로는 매우 성숙하고 능숙하게 행동하였는데 종결이 다가오면서 내담자에게도 자신처럼 담담하고 성숙하게 종결을 받아들일 것을 무의식적으로 기대하였다. 그러면서도 적극적이고 공개적으로 이러한 감정을 다루지는 않았는데 이 과정에서 이별에 대한 두려움 때문에 될 수 있으면 이 이슈를 피하고자 했던 그의 내담자 역시 마치 스스로가 잘 이해하고 있고 담담하게 받아들일 수 있다는 듯 행동을 하였다고 한다. 그래서 결국 마지막으로 만나는 날에야 종결에 대해 이야기를 나누고 세션을 마무리하게 되었는데 이 때 내담자는 치료사가 매우 멀게 느껴져서 혼란스러움을 보고하였다고 한다. 이러한 과정은 우리가 일상생활에서 흔하게 경험하는 것이 아니기 때문에 치료사가 먼저 안내하는 것이 필요한데 만일 치료사가 이러한 상황에 대한 인식이 없다면 안내 역시 어려울 것이기 때문에 치료사의 점검이 중요하다고 할 수 있다.

그렇다면 종결과정은 어떻게 이루어 질 수 있을까? 종결 시 점검해야 하는 내용은 크게 다음과 같이 정리할 수 있다.

- 종결에 따른 치료사와 내담자의 감정: 슬픔, 상실감, 두려움, 거절감 등
- 종결이 상기시키는 이별이나 상실에 대한 이전 경험

• 치료적 관계의 의미
• 치료적 경험의 의미
• 치료를 통해 얻게 된 변화
• 그동안 제작한 미술작품의 검토

치료사와 내담자가 슬픔, 상실감, 두려움, 거절감, 아쉬움 등 종결에 따른 감정들을 함께 나누는 과정은 이런 감정이 자연스러운 것임을 인정하는 것이며 외면하거나 거부하지 않고 개방적인 태도로 이를 나눔으로써 헤어짐을 준비하는 것이다. 그와 함께 종결이 상기시키는 이별이나 상실 등의 이전 경험을 다루게 된다. 이전에 일어났던 일을 다시 되돌릴 수는 없지만 현재의 시점에서 그 경험을 다루고 새롭게 인식하는 기회를 갖는 것, 그리고 지금 여기서 치료 그리고 치료사와의 '좋은 이별'을 경험함으로써 또 다른 이별의 이미지를 갖는 것은 내담자에게 지금 이후의 이별이나 만남에 긍정적인 영향을 미칠 것이다. 이와 함께 치료적인 관계에 대한 점검이 이루어질 것이다. 모든 관계는 좋을 때도 있고 싫을 때도 있으며 초기의 어색함과 이것이 지나가고 난 뒤의 친밀감, 그리고 너무 알게 되었다는 느낌으로 거북스러운 친밀감의 위기, 의견 대립, 갈등 등을 갖고 있다. 치료적 관계 역시 피상적으로 부드러움, 따뜻함, 애정과 친밀감 같은 것만이 존재하는 것이 아니라 어색함, 불신, 불만, 갈등 같은 그리고 여러 겹의 주고받음으로 인해 간단히 설명할 수 없고 복잡한 성질들로 가득 차 있다. 종결과정에서 관계를 돌아볼 때 내담자에게 어쩌면 보상이라고 할 수 있는 것 중의 하나는 이러한 복잡하고 중요한 관계를 일정 기간 동안 피하지 않고 견디어냈다는 것, 유지하고 가꾸어나갔다는 데에서 오는 자긍심일 수도 있다. 그런 과정 속에서 경험한 치료사와의 진솔한 관계는 정서적인 지지를 제공할 뿐만 아니라 관계나 만남에 대한 경험의 폭을 넓히는데 도움이 될 것이다.

종결은 마치 수확의 과정과 같다고 생각하는데 특히 내담자와 치료적 경험의 의미나 역할을 되돌아보고 치료를 통한 새로운 변화나 성장을 점검할 때 더욱 더 그렇다. 그간의 치료 과정을 되짚어 가는 과정에서 내담자들이 과정 내에 있을 때보다 더 성숙한 통찰력을 보여주는 경우가 많다. 이는 시간이 흐르면서 치료적 경험이 가속화되었기 때문이라고 생각하는데 미술치료에서는 그간에 제작된 미술작품을 살펴보면서 이러한 점검이 자연스럽고 깊게 이루어 질 수 있다는 장점이 있다. 머릿속에 존재하는 이야기를 나누는 것만이 아니라 눈앞에 내담자의 생각과 감정과 의도가 담긴 구체적인 작품을 두고 변화의 과정을 되짚어가는 것이기 때문에 변화의 기록으로서의 작품은 단지 내담자의 반영뿐만 아니라 새로운 인식을 제공하는 발판이 될 수도 있다.

이러한 종결과정은 미술치료 세션에 포함된다. 딱히 정해진 것은 아니지만 치료 기간이 일 년 이상이라면 최소한 종결 과정에 3~4 회기 정도는 필요할 것이라고 생각한다. 물론 이렇게 단순하게 정할 수 있는 것은 아니지만 종결이 결정되면 종결시점이 다가옴에 따라 과정을 진행하고 종결을 준비하도록 안내하여야 한다.

그간의 내 경험에 비추어볼 때 감정과 기억을 충분히 다루는 종결 과정을 거친 대부분의 내담자들은 그간의 만남에 대한 소회와 긍정적인 감정, 치료나 치료사에 대한 고마움, 애정, 친밀감을 표현하며 앞으로의 각오를 다지고 아쉬움과 슬픔을 표현하였다. 그러나 종결 작업이 이루어지지 않았거나 혹은 종결 작업이 이루어진다고 해도 앞에서 설명한대로 자신이 가지고 있던 패턴을 그대로 반복하는 경우라면 종결과정에서 얻을 수 있는 치료적인 접근에서 아쉬움을 갖게 하기도 한다. 그런가하면 어떤 경우에는 이러한 종결과정이 훨씬 간단하게 이루어지기도 한다. 그렇기 때문에 어느 정도의 기간으로, 어떤 형식으로 종결이 이루어질 수 있는지에 대해서는 자신이 담당한 미술치료의 성격을 고려하여 적용하도록 한다. 이러한 적용상의 차이는 있겠지만 종결의 의미를 되새길 수 있는 미술작품의 제작은 어느 경우에나 강력한 방법이 될 수 있다. 이는 공동작품이 될 수도 있고 서로의 작품에 대한 느낌을 작품으로 표현하는 반응 작품이 될 수도 있을 것이다. 그 어떤 경우에도 감정과 경험을 함축적으로 표현할 수 있는 미술작품은 종결과정을 좀 더 명료하고 깊이 나눌 수 있도록 안내할 것이다 (Franklin, 1981).

예전에 학생들과 종결이나 그간의 치료 과정의 속성에 대해 이야기 나눈 적이 있었다. 그 때 이들을 어떠한 이미지나 단어로 표현할 수 있을지 이야기 나누었는데 그 중에 생각나는 것을 마지막으로 몇 가지 소개하려고 한다. 이들을 가만히 생각해보자. 함축적인 말들이 어떤 의미로 다가오는가. 여러분들도 한 번 자신만의 언어로 종결을, 그리고 치료과정을 정리해보기 바란다.

- 쥐었다가 놓으면 원형으로 돌아가는 스폰지
- 오렌지를 까는 것
- 마음과 느낌이 움직이는 것
- 교통정리
- 반창고
- 거울
- 변화의 관찰자
- 기다림
- 박힌 돌을 빼내기
- 연 날리기

제8장

수퍼비젼에 임하는 태도

수퍼비젼은 임상 실습 훈련 과정에서 없어서는 안 될 중요한 장치이다. 자신이 배운 이론과 지식을 현장에 적용시키는 데에서 오는 간극을 메우고 혼자서 판단을 내리기 어려운 순간에 객관적인 시각을 제공해주기 때문이다. 이런 과정을 통해 치료사로서 훈련되고 인격적인 성장이 이루어지는 것이다.

그런데 수퍼바이저로서 가상 어려운 상대는 미치 수퍼바이저가 모든 대답을 알고 있는 것처럼 질문을 잔뜩 가져와서 답만을 얻으려고 하는 사람인데 그런 경향이 강한 사람일 수록 궁금한 것은 시간이 지나도 여전히 궁금하고 모르는 것은 여전히 모른다는 것이다. 다시 말해서 수퍼비젼을 통해 실질적인 도움을 그다지 받지 못하면서 수퍼비젼을 받고 있다는 사실 자체로 위안을 삼는 것이 아닌가 싶은 생각이 들 때도 있다.

수퍼비젼 시간은 언제나 너무 일찍 끝나는 것 같지만 수퍼비젼이 언제나 계속 되지도 않는다. 그렇기 때문에 수퍼비젼을 효율적으로 이용하는 것이 중요하다. 이런 맥락에서 수퍼비젼을 이용하는 사람들에게 참고가 될 만한 내용들을 간단하게 덧붙이고자 한다.

첫째, 자신이 들은 강의 리스트만 길게 늘이는 것은 도움이 되지 않는다. 들은 내용을 소화하고 생각하여 내 안에서 무르익도록 하는 것이 중요하다. 간혹 내담자의 반응이 어떤 것을 의미하는지 물어보면 유명한 심리학적 용어를 대는데 조금만 더 자세히, 그리고 내담자의 개별적인 상황에 맞추어 설명하는 것은 어려워하는 경우도 있다. 이론적 내용은 무척 중요하지만 그것을 실제 상황에 자꾸 대입해보고 생각해보도록 하는 것이 치료시간에 일어난 일들을 이해하고 치료적인 중재를 하는데 있어서 도움이 될 것이다.

둘째, 궁금한 것을 다른 사람에게 묻기 전에 자신이 먼저 답을 찾아보는 습관을 들이도록 하자. 물론 처음에는 아무런 생각이 나지 않을 것이고 그랬기 때문에 수퍼비젼에 들고 온 질문이겠지만 이러한 시도는 자기 의견을 기르는데 매우 중요하기 때문에 익숙해질 때까지 꾸준히 애써보기를 권하는 바이다. 무슨 일이 일어나고 있는지 이해하고 어떻게 할 것인지 결정할 수 있는, 즉 자기 의견이 없는 치료사는 순발력 있게 판단하고 결정을 내려야 할 치료중재의 순간에 독립적인 치료사로 기능하기 어렵다. 수퍼비젼 시간에 와서 내담자의 이야기나 질문을 듣자마자 머리 속이 하얘지고 아무런 생각이 나지 않았다는 치료사들이 많다. 그러면서 무슨 말을 어떻게 했어야 했는지 물어보는 실습생들에게 거꾸로 왜 그렇게 머리 속이 하얘졌는지 물어본 적이 있는데 그 학생의 대답은 '예상치 못한 반응이었기 때문' 이라는 것이었다. 놀랍게도 이런 대답을 한 학생들이 그 이후에도 많이 있었다. 여기서 과연 실생활에서 우리가 예상할 수 있는 타인의 반응은 어느 정도인지 한번 생각해보기 바란다. 아마 상상했던 것 보다는 훨씬 적을 것이다. 그런데도 우리는 그런 순간들의 대부분을 자연스럽게 처리하고 생활하고 있는 것이다. 그렇듯이 미술치료 장면에서도 아마 자연스럽게 반응할 수 있는 경우가 많을 것이다. 그런데 그렇게 하지 못하는 이유 중의 하나는 아마 스스로에 대한 믿음이 적고 긴장하기 때문이 아닌가 싶다. 물론 미술치료 시간에 만나는 내담자들은 나름대로의 고유의 상황을 가지고 있기 때문에 그에 따라 적절하게 반응하는 것이 중요하다. 하지만 그것을 알기 위해 그간 이론도 배우고 사례 공부도 해왔다는 것도 기억하자. 그래서 실습생이라는 위치를 수동적으로 선생의 혹은 상급자의 의견을 듣고 그대로 실행하는 메신저의 역할이 아니라 답을 찾아가는 능동적인 탐구자의 역할로 변환시키기 바란다. 현장에서 일어난 일은 비언어적인 정보까지 가지고 있는 현장에 있었던 치료사가 가장 잘 알게 마련이고 또 이미 답을 가지고 있는 경우도 많기 때문에 자신이 먼저 대답하면서 생각을 정리하는 태도를 기르도록 노력하는 것이 중요하다. 그렇게 자기 의견이 자라나면 이후 자문이나 수퍼비전을 통해 논의를 할 때에도 좀 더 풍부한 시각의 논의가 가능하다는 것을 알게 될 것이다. 이런 과정을 통해 치료사의 자율성과 자주성이 확보되는 것이다.

셋째, 수퍼비전은 치료사로서의 훈련을 기본으로 하지만 개인적인 성장도 이루어지는 장임을 이해하라. 그렇게 개인적인 요소가 존재하기 때문에 수퍼비젼 시간에 받는 다른 치료사나 수퍼바이저의 의견에 자신의 자존심이 다칠 수도 있고 낙담을 경험할 수도 있다. 그러나 이런 감정에 휩싸이지 않도록 주의를 기울이는 것이 필요하다. 다른 사람의 의견을 방어적으로, 그리고 감정적으로만 받아들이는 경우도 많은데 그 경우 중요할 수도 있는 그 의견을 수용하는 것이 어려워지고 주변에서도 반응이 부담스러워 객관적인 의견을 주기보다는 귀에 듣기 좋은 소리, 듣고자 하는 소리를 해주는 경우도 흔히 볼 수 있기 때문이다. 그렇다면 수퍼비젼이 가지고 있는 본래의 기능을 다 하고 있다고 보기 어렵다. 수퍼비젼 시간에 관찰을 해보면 수퍼바이저나 동료들은 어떠한 의도를 가지고 이야기를 한다기보다는 사례에 대한 자신의 의견을 솔직히 이야기하는 경우가 많다. 그 의견이 수퍼비젼을 받고 있는 당사자에게는 마치 능력에 대한 평가처럼 들리기 때문에 감정적인 반응을 걷어내기가 쉽지 않은 것 같다. 그런데 누구나 자신에 대해서 이렇다 저렇다 이야기하는 것은 듣기 싫듯이 머리로는 이해가 되도 마음이 따라주지 않는 경우가 더 많을 것이다. 그렇기 때문에 이렇게 남의 의견을 듣는 것에도 훈련이 필요하다. 처음에는 아마 매우 어렵겠지만 스스로도 익숙해지고 또 선의의 의견을 자주 접하다보면 취해야 할 의견과 그렇지 않은 의견, 도움이 될 수 있는 의견과 그렇지 않은 의견도 구별할 수 있는 귀가 생기기도 한다. 그 과정에서 역시 치료사로서의 성숙이 이루어지는 것도 느낄 수 있을 것이다.

마지막으로 같은 질문이나 실수를 반복하지 않도록 노력하라. 실수를 통해서 배우는 것은 사실이지만 수퍼비젼의 기능 중의 하나는 실수나 의문을 탐구해보고 이것을 다시 현장에 적용시켜보면서 자신의 의견도 확인하고 배워가는 것이다. 그런데 종종 수퍼비젼에서 논의한 내용들을 그 다음 미술치료 시간에 적용시켜보려는 노력이 적은 경우를 볼 수 있다. 그런 경우 수퍼비젼은 한 회기 한 회기 생긴 질문에 답을 구하는 질문-응답 시간에 지나지 않는다. 물론 임상실습과정에서 갖게 되는 질문은 여러 사례를 통틀어서 일관된 성향을 가지는 경우가 많다. 질문에 대한 답이나 대체할 수 있는 새로운 행동양식 역시 오랜 시간에 걸쳐 단계적으로 이루어지는 것이 일반적이다. 그렇기 때문에 여기서는 토의와 적용을 탁구 치듯이 이어가라고 요구하는 것은 아니다. 시간이 걸리더라도 항상 의식 표면에 떠올리고 조금씩 새로운 깨달음과 배움을 적용시키려는 노력을 통해 치료사로서의 역량을 키워나가기 바란다는 뜻이다. 너무 오래되고 반복되는 의문과 실수는 해도 안 된다는 자괴감이나 자책감을 불러오고 자기합리화를 가져올 수도 있기 때문이다. 이를 위해서 작은 노트에다 머릿속에 떠오르는 모든 질문이나 생각을 담아볼 것을 권한다. 실지로 수퍼비젼 시간에 학생들에게 일주일동안 떠오른 모든 질문을 적어오도록 과제를 내 준 적이 있었다. 이후 그 질문들을 유사한 것끼리 모아서 카테고리를 만들고 그 카테고리의 성격을 찾아보도록 하였더니 개인마다 질문에 자신의 이슈와 관심 영역이 반영되어 있는 것을 알 수 있었다. 또한 개별적인 의문에는 또 다른 의도와 생각이 담겨있음을 알아가면서 정말로 자신이 궁금해 했던 것이 무엇인지를 찾는데, 그리고 그런 과정을 통해 익숙한 의문의 틀에서 벗어나 관심 영역을 넓혀가면서 새로운 시각을 찾아볼 수 있다는 점에서 도움이 되었다.

제9장

치료사와 치료사의 자기 점검

1. 치료사

치료사가 되려고 하는 사람들은 다른 직업을 선택하는 사람들과 비교할 때 자신만의 고유한 심리적인 동기를 가지고 있는 경우가 많다. 친구들이나 주변 사람들의 고충을 잘 들어주는 편이라 '너는 치료사가 딱이다' 라는 말을 많이 들으면서 적성에 맞는다고 생각한 사람들도 있고 사회가 나아가는 방향을 생각해 볼 때 유망한 직종이라고 생각해서 직업으로 선택하는 사람들도 있을 것이다. 그런 이유 말고도 조금만 들여다보면 자신에 대해서 궁금해 하고 이해되지 않는 일들을 끌어안고 고민하면서 치료사라는 직업에 매력을 갖게 된 것을 알 수 있다. 실지로 미술치료사가 되기 위해 대학원에 진학한 학생들 중에는 개인적으로 도움이 절실히 필요한 시기에 미술치료나 상담에 관심을 가지게 되었고 또 공부를 하는 과정에서 자신의 문제들도 해결되는 것 같았다는 사람들이 많다. 다시 말해 자신과 삶에 대한 고민, 해결되지 않은 문제들에 대한 답을 구하고자 하는 마음이 치료사로의 길로 이끄는 것이다.

그런데 사람들이 자주 묻는 질문 중의 하나는 과연 미술치료사에 맞는 성격이 따로 있는가 하는 것이다. 이는 나 역시 나의 성격적 특질이 치료사로 일을 하는데 어떠한 영향을 미치는지 과거에서부터 지금까지 스스로에게 지속적으로 물어보는 질문이기도 하다. 대답은 100%라고 하기는 어렵지만 '그렇다' 이다. 왜냐하면 순간순간 스스로를 자각하고 스스로의 삶의 경험이 포함되는 일이 미술치료사의 일이기 때문에 사람 자체가 차지하는 비중이 그만큼 크다는 의미이다. 성격이라는 것이 타고나는 특질의 영향을 많이 받는데 그렇다면 치료사들은 어릴 때부터 다른가 하는 질문까지도 받아보았다. 그렇다면 과연 치료사라는 직업에 적합하도록 결정지어지는 사람이 몇이나 될 것인가 의문이 생기기도 한다. 짧은 소견이지만 내 생각은 이렇다. 기본적으로 어떤 일을 하든 내가 하는 일에는 내가 핵심이 될 수밖에 없다. 그리고 자기가 어떤 일을 하든지 간에 적성이라는 것이 있어서 적성에 맞는 일을 선택한다면 그 일을 오래, 즐겁게 할 수 있는 것이고 그렇지 않다면 조금 고생하면서 맞춰가면서 해야 하는 경우도 있는 것이다. 실지로 우리 주변에는 적성에 맞지 않는다고 생각하면서도 자신의 일을 책임감을 가지고 묵묵히 수행하는 사람들이 많다. 또한 어떤 일이든지 일을 하기 위해서는 일정한 자격을 갖추어야 하고 지속적인 훈련과 재교육, 그리고 경험을 통해 숙련가가 되어가는 것이다. 그런 관점에서 본다면 미술치료사라는 직업도 크게 다르지 않다고 본다. 치료라는 것이 한없이 자애로운 마음만으로는 할 수 없는 것이기 때문에 여러 지식과 이론, 기법이나 태도 등을 공부하고 훈련함으로써 전문인으로서의 정체성을 갖추어 나갈 수 있는 것이다. 그런데 분명히 미술치료사라는 직업은 그럼에도 불구하고, 아무리 이런 훈련이 충분하게 이루어진다 해도, 한 치료사가 이루어가는 치료의 질은 치료사 개인의 역량을 뛰어넘지는 못하다는 사실 역시 명심해야 하는 분야이다. 그렇기 때문에 이 치료사라는 모자를 쓴 바에는 자기 성찰이나 수련을 통해 치료사에게 요구되는 인격적 성장을 이루도록 노력해야만 한다.

미술치료사의 인격적 특징

미술치료사 Wadeson(1987)은 미술치료사로서 갖추어야 하는 인격적 특징을 몇 가지로 설명하고 있다. 그는 우선 미술치료사가 되고자 하는 학생들을 대상으로 조사한 결과 이 분야를 선택한 그 이면에는 다른 사람에 대한 관심과 애정, 친밀감에 대한 욕구, 미술적인 혹은 다른 자극에 대한 욕구, 힘에 대한 욕구, 다른 사람에게 의미 있는 영향을 끼침으로서 자기 자신이 중요하고 가치 있음을 확인받고자 하는 욕구 등이 있다고 설명한다. 이 중에 다른 사람에게 영향력을 끼치고 이를 통해 자신의 가치를 확인받고자 하는 욕구는 언뜻 듣기에 처음에 접했던 이타주의적인 욕구에 비해 인정하기 거북한 느낌을 주기도 할 것이다. 그러나 이렇게 자신의 욕구가 어디에 있는지를 다각적으로 검토하는 것은 이 직업 자체에서 내가 얻을 수 있는 목표가 어디에 있는지를 파악할 수 있고 피상적인 이타주의로 인해 생길 수도 있는 이후의 소진현상도 방지할 수 있는 시작점이 된다고 생각한다. 이러한 개인적인 욕구에 대한 인식이 없다면 자칫 잘못하면 내담자를 위한 치료세션이 치료사의 개인적 욕구 충족-비록 이타주의적인 성격을 띠고 있더라도-을 위해 사용되는 일이 생길 수도 있다.

또한 미술치료사로서 갖추어야 하는 인격적 특징은 자기 인식, 섬세함, 개방성 혹은 관대함, 지성, 창조성, 공감능력, 원만한 대인관계 형성, 신뢰를 줄 수 있는 능력, 책임감 있는 직업 정신이라고 설명하고 있는데(Wadeson, 1987) 이러한 특징들은 타고난 것의 바탕 위에 훈련과 끊임없는 노력으로 이루어가는 덕목이라고도 하였다.

자신의 약함과 좌절, 상처, 회한을 들여다보는 과정에는 고통이 따른다. 그렇기 때문에 평생 '나는 누구인가' 하는 질문 없이 살아가는 사람들도 많은 것이다. 그러나 미술치료사로서 살아가기로 결심했다면 자기를 들여다보는 작업은 하나의 패키지 상품처럼 따라다닌다. 이와 함께 지금 주변에 무슨 일이 벌어지는 지를 인식하고 행동 이면의 복잡미묘한 인간 심리를 이해할 수 있는 섬세함이 미술치료사에게는 요구된다. 만일 내담자가 보내는 무언의 메시지를 알아채지 못하거나 말이나 행동을 액면 그대로만 받아들이고 이면의 의도나 동기에 대한 이해가 없다면 적절한 치료적 중재를 제공하는데 어려움이 있을 수도 있다.

개방성이나 관대함은 나와 다른 문화, 가치, 신념 등에 대한 태도를 일컫는다. 우리는 흔히 자신과 다른 것을 힘들어하고 못 견뎌

하는 경우가 많다. 어느 정도 거리를 두고 있는 경우에는 그래도 좀 낫지만 친밀한 관계일수록 아주 사소한 차이를 인정하지 않고 자기의 방식에 맞추기 위해 갈등을 겪는 경우가 많은 데서도 이것을 확인할 수 있다. 모든 내담자들은 고유의 경험을 안고 미술치료실로 들어온다. 크게 같은 나라에서 살아왔고 같은 언어를 쓰면 같은 문화권에 속하는 사람이라고 생각할 수 있지만 속을 들여다보면 모든 개인은 자신만의 고유의 문화가 있기 때문에 치료사는 모든 내담자를 만날 때 개방적이고 관대한 태도를 가지고 있어야 한다는 것이다. 즉 나와는 다른 가치 체계를 가지고 있고 내게는 생소한 종교를 믿으며 내가 익숙하지 않은 사고방식을 가지고 있는 내담자를 만났을 때 나의 가치, 나의 종교, 나의 사고방식을 강요하지 않고 상대방의 것을 존중하는 마음을 가져야 한다는 것이다. 이는 옳다 그르다의 문제가 아니라 존중의 차원에서 이루어져야 하는 것이다. 내담자의 입장에서 생각해본다면 훨씬 이해하기 쉬운데 치료사가 이러한 존중의 마음 없이 나의 생활방식이나 가치관을 교정의 대상으로만 본다면 아무리 현실적으로 도움이 된다고 한들 치료사의 제안이나 충고를 진심으로 받아들이기 어려울 것이다. 그러므로 내담자의 가치를 존중하면서 그 가치 안에서 부적응적인 양상을 어떻게 바라보고 다룰 것인지를 개방적인 태도로 논의하는 자세가 필요하다.

이는 특히 다른 문화에 대한 접촉이 잦아진 현대 사회에서는 더욱 중요한 태도인데 우리나라의 경우만 해도 예전과는 달리 점차 다문화 사회로 진입하고 있다. 2009년 행정안전부의 통계에 따르면 국내에 거주하는 외국인의 수가 1,106,884명에 이르고 있는데 이는 전체 인구의 2.2%를 차지하는 것으로 전년 대비 24.2% 증가한 수치라고 한다(행정안전부, 2009). 또한 탈북주민인 새터민 역시 2008년 기준 10,854명으로 집계되고 있는데(김현아, 정성란, 2008) 다문화가정은 이렇게 결혼이나 취업 등의 이유로 국내에 거주하며 가정을 꾸리는 외국인과 새터민 가정을 함께 통칭하는 말이다(김광수, 정태희, 2010). 이러한 통계자료에서도 알 수 있듯이 다른 문화적 가치와 전통을 가지고 있는 사람들과 함께 살아가는 현대의 사회에서 누구라도 타문화에 대한 개방성과 감수성을 가지고 수용하는 자세를 가져야 하는 것처럼 치료사들 역시 이러한 태도로 갖추어야 한다. 특히 이러한 다문화 가정의 구성원들은 언어 습득, 한국 문화에의 적응, 육아 및 교육, 사회적 지지망의 결핍, 경제적인 어려움 등을 문제로 꼽고 있는데 문제의 심각성에 비해 사회 구조적, 심리적 지원은 미비한 실정이다(김광수, 정태희, 2010). 실지로 결혼을 통해 우리나라에서 생활하게 된 다문화 가정 여성을 대상으로 한 미술치료나 다문화 가정 아동을 대상으로 한 미술치료가 계획되고 진행되는 예는 심심치 않게 찾아볼 수 있는데 이러한 세팅에서 언어적인 문제를 해결하면서 적응상의 문제를 다룰 수 있도록 훈련된 치료사의 수가 적다는 사실이 안타까운 경우가 많다. 이런 경우에는 단순히 내담자가 속한 나라의 언어를 배워야 한다는 것이 아니라 내담자의 전반적인 문화적 배경에 대한 이해를 바탕으로 해야 한다는 것이다. 그 위에서 현재 내담자가 경험하고 있는 적응상의 어려움이나 현실적인 대처방안 등이 논의

될 수 있을 것이다.

이 외에도 치료사는 자신이 보고 듣고 알게 된 사실을 정리하고 이해할 수 있으며 앞으로 나아가야 할 방향을 찾아볼 수 있는 지적인 능력이 필요하며 내담자의 마음을 내담자가 말하지 않는 수준까지도 이해할 수 있는 공감능력을 갖추고 있어야 한다. 이러한 공감능력이야 말로 진지하고 솔직한, 그러면서도 지지가 되는 치료적 관계의 바탕이 되는 것으로 Rogers(1980)는 단순한 공감을 넘어서서 내담자가 '아, 내가 공감을 받고 있구나' 하고 느낄 수 있는 공감적인 응대가 변화를 이끌어 낼 수 있는 원천임을 강조하고 있다. 공감은 모든 교과서에서 반복적으로 강조하는 개념이기 때문에 여기서는 간단히 언급하고 넘어가겠지만 그렇다고 해서 가볍게 여길 내용은 아니라는 점을 강조하고 싶다.

마지막으로는 창조성을 들 수 있다. 미술치료는 치료사와 내담자가 미술작업이라는 형태로 치료과정에 주체적이고 적극적으로 참여하게 된다. 그렇기 때문에 내담자와 치료사의 창조성 모두가 중요한 역할을 담당하는 것이다. 여기서 창조성은 단순히 얼마나 고유성을 가지고 창조적으로 미술작품을 만들어내느냐 하는 문제보다는 개인이 가진 고유의 문제를 해결하는 데 있어서 개인의 삶에 적합한 창조적인 해결방안을 모색하도록 하는데 도움을 줄 수 있느냐 하는 것이다. 그러기 위해서는 내담자가 자신의 무의식, 꿈, 환상의 내용을 탐구하고 스스로가 가진 아이디어와 자발성을 시험할 수 있도록 격려하고 돕는 것이 중요하다. 그런데 미술치료사가 이러한 탐구과정에 익숙하지 않다면 다른 사람을 돕기 쉽지 않을 것이기 때문에 치료사에게 있어서 창조성은 매우 핵심적인 덕목이 된다. 많은 미술치료사들이 미술치료 프로그램을 기획하고 세부적인 활동을 계획하는 과정에서 이미 연구된 자료들과 기법들을 참고하는 경우가 있다. 그러나 모든 치료 장면이 그렇듯이 참여하는 사람들이 다르기 때문에 똑같은 반응과 결과를 가져오지는 않는다. 그렇기 때문에 초기의 계획은 융통성 있게 조정되어야 하는데 이 과정에서도 치료사의 창조성은 빛을 발할 수 있는 것이다. 때로는 자신이 가지고 있는 창조적인 아이디어를 실현시키는데 있어서 주저하고 자신 없어 하는 치료사들을 만나면서 역시 실험적인 태도와 즐거움, 그리고 자신감이 뒷받침 되는 창조성의 중요성을 새삼 느낄 수 있었는데, 그 역시 앞서 설명한 훈련과정을 통해 얻게 되는 것이기 때문에 이러한 모든 개념들은 상호적인 관계에 있다고 할 수 있겠다.

서양의 정신치료에 비해서 훨씬 오래전부터 정신치료의 진수를 지니고 있었던 동양의 종교와 철학을 정신치료와 접목시킨 도정신치료의 창시자 이동식(2008)은 치료의 핵심은 치료자의 인격에 달려있으며 이는 '동토에 떨고 있는 내담자에게 봄을 가져다주는 것' 과도 같은 자비심이라고 단적으로 제시한 바 있다. 그리고 이를 위해서는 기본적인 서양정신치료의 이론에서부터 시작하여 도, 불교 등의 종교적 사상과 철학들을 공부하고 이와 함께 치료자 개인의 인격적 성장을 위한 심층적인 수련이 뒷받침되어야 함을 강조하였다. 여기서도 알 수 있듯이 치료사로서의 길을 끊임없는 수련의 길이라고 정리할 수 있는데 그렇기 때문에 누구나 그 길에 들어서는 것은 아니며 그 길을 꾸준히 걸어가는 사람들은 그 안에서 길을 가는 의미를 찾아가고 있는 것이다.

2. 치료사의 자기 점검

세션에서 일어난 일을 되돌아보고 자신의 치료적인 중재의 의도나 형태를 점검하는 과정에서 항상 맨 앞에 자리하는 질문은 '이것이 과연 누구의 이슈인가' 이다. 그 당시에는 내담자의 이슈라고 생각했지만 나중에 생각해보면 내담자 보다는 치료사 자신의 문제가 투영되었던 순간도 있음을 알게 된다. 치료사가 내담자에게 느끼는 어떤 감정적인 반응은 내담자의 행동이나 말에 대한 자연스러운 반응이 아니라 치료사의 개인 삶에서 상기된 경험 때문일 수도 있다. 다시 말해 내담자에 대한 거부감이나 특별한 애정을 여러 가지 납득할 만한 이유로 설명하고자 하지만 진짜 이유는 내담자가 치료사가 절대로 용서할 수 없는 인물을 떠올리게 하거나 마치 자기 자신을 보는듯한 연민을 불러일으키기 때문 일수도 있다. 이러한 감정적인 반응을 역전이라고 하는데 전이가 내담자가 치료사를 마치 부모나 형제자매, 예전 애인이나 직장 상사 등 자기가 아는 다른 누구처럼 느끼고 반응하는 것을 말한다면 역전이는 내담자가 불러일으키는 치료사의 이전 경험들로부터의 감정이나 반응을 말한다(Corsini, 2005). 엄격히 말하면 역전이는 치료사의 문제이므로 치료사가 자기 치료나 분석, 수퍼비젼을 통해 해결해야 하지만 정신역동적 관점에서 볼 때 전이가 내담자의 이슈에 대한 단서를 제공하듯이 역전이 역시 내담자에 대한 새로운 인식을 제공하기도 하기 때문에 치료와 별개로 생각할 것만은 아니다(Fish, 1989; Klorer, 1993). 문제는 치료사가 무엇이 자신의 역전이인지 구분할 수 없다면 자신의 감정을 어느 정도로 신뢰할 수 있는지 그리고 과연 치료적으로 이용할 수 있는지 판단내리기 어렵다는 것이다. 물론 역전이라는 개념은 치료사가 의식하지 못하는 영역의 일일 때가 많아 치료 장면에서 다루는 이슈들이 누구의 것인가 하는 문제는 생각만큼 명료하지 않은 경우도 많지만 적어도 치료사가 자신에 대해 이해하는 만큼은 명료할 수 있는 것이다.

치료사가 자신에 대해서 이해하고 여러 훈련을 통해 치료사로서의 성장뿐만 아니라 개인적인 성장까지 이루어가는 이상적인 과정은 실상 우여곡절도 많고 길고 더디게 이루어진다. 그렇기 때문에 치료사의 자기 이해에는 자기의 한계에 대한 이해 역시 포함된다. 자신의 현재 시점에서의 역량뿐만 아니라 치료가 가진 한계가 어디까지인지를 인식하는 것은 치료사가 소진되지 않기 위해서도 중요하다. 여기서의 한계는 못하거나 부족하거나 제한적 능력이라는 부정적인 측면으로만 볼 것이 아니다. 한계는 치료사가 자신이 지금 하고 있는 일에 더욱 더 집중할 수 있도록 삶의 균형감과 건강함을 유지시켜주는 지침이 될 수 있기 때문이다. 그렇기 때문에 자신의 한계를 인식하고 그 범위 내에서 작지만 최선의 노력을 하면서 자신의 한계를 넓혀가려는 치료사는 한계에 대한 인식 없이 사명감만으로 달려들거나 과한 일을 하는 치료사보다도 오래, 만족하면서 치료사로서 살아갈 수 있는 것이다.

그렇다면 치료사는 경험이 있고 잘 할 수 있는 분야에만 집중하라는 의미인가. 치료사가 되기 위한 훈련은 언제나 진행 중인 과정이므로 어떤 시점을 끊어서 단적으로 능력이 있는가 없는가를 이야기하기에는 무리가 있다. 게다가 치료사의 경우 임상 실습을 통해서 자신의 한계를 인식하고 해결해 가기 때문에 자신이 이미 만나 본 내담자나 특정 내담자 집단만을 만난다면 이러한 인식이 이루어질 수 있는 기회도 제한이 되는 것이다. 또한 자신만의 전문적인 영역을 발전시켜가기 이전에 될 수 있으면 다양한 이슈를 가진 내담자들을 만나면서 임상 경험을 쌓아가는 것이 중요하기 때문에 훈련 프로그램에서 이런 점을 고려해 다양한 세팅에서 실습하도록 일정한 기준을 마련하고 있는 것이다. 현실적으로 초보 치료사의 경우 어느 정도 경험이 쌓이기 전까지는 모든 내담자와의 만남이 새로운 도전일 수 있다. 이 때 위축되거나 갈팡질팡 하기보다는 자신이 배우는 과정에 있다는 점을 기억하고 자신의 부족한 점을 메꾸려는 노력을 하는 것이 필요하다.

예를 들어 약물 중독을 가진 내담자를 처음으로 만날 예정이라면 치료 개시 전에 약물 중독에 관한 이론들을 공부하고 보고된 사례를 연구하여 전반적인 치료 과정이나 경과에 대해 알아본다. 또한 적절한 수퍼비젼을 받고, 임상실습 현장에서도 즉각적으로 자문을 구할 수 있는 통로를 확보한다. 기관 내에서는 실습생이나 초보치료사들이 갖는 책임의 한계에 대한 지침을 마련하고 이를 논의하는 것도 필요하다. 결론적으로 내담자가 치료를 통해 이익을 얻을 수 있도록 충분히 책임과 의무를 다하는 자세가 필요하다는 것이다. 이런 태도는 숙련된 치료사라 할지라도 익숙하지 않는 이슈를 가진 내담자를 만날 때 기억해야 하는 것이다. 이러한 노력을 통해서만이 치료사의 임상 훈련을 주된 목적으로 하는 치료가 되지 않고 내담자에게 치료적으로 의미가 있는 치료가 되는 것이라고 생각한다. 종종 미숙하긴 하나 공부를 해가며 진심으로 내담자를 대하는 초보 치료사가 능숙하긴 하나 감정적으로 멀게 느껴지는 숙련된 치료사보다 내담자에게 더 많은 만족감을 주는 것도 사실이다.

그렇다면 이렇게 치료사로서의 통합된 모습을 유지하기 위해서는 무엇이 필요한가를 생각해 볼 수 있다.

첫째로 적절한 훈련 프로그램을 선택하라고 조언하고 싶다. 이는 대학원이 될 수도 있고 학회나 협회에서 제공하는 프로그램일 수도 있는데 치료사를 훈련시키기 위한 프로그램이 다양한 만큼 어떤 프로그램을 선택하느냐는 쉽지 않은 선택이다. 그런데 처음에 어떤 미술치료를 접했는지가 이후 미술치료사로서 자신의 정체성을 형성하는데 커다란 영향을 끼치므로 첫 단추를 잘 끼우기 위해서라도 공신력 있고 포괄적으로 훈련이 가능한 프로그램을 선택하는 것이 중요하다. 이를 위해 커리큘럼이나 임상 실습 기준 등을 확인하고 누구에게서 훈련을 받게 되는지도 따져보는 것이 좋다. 만일 자신이 신뢰할 수 있는 기관에서 양적으로 질적으로 적합한 훈련을 받는다면 그만큼 치료사로서의 자신감 형성에 도움이 될 것이기 때문이다. 종종 혹독한 훈련을 겪은 치료사들이 힘든 과정만큼 후에 자신감과 유능감을 갖게 되는 것을 보아도 그렇다. 그러나 이는 마음속에 떠오르는 의구심을 믿고자 하는 의지로 외면하면서 마치 고인 물처럼 자신이 배운 것만을 맹신하는 태도를 뜻하는 것은 아니다. 어떤 프로그램이든지 이상적으로 모든 조건을 갖추고 있지는 않기 때문에 채워지지 않는 부분이 있을 것이다. 그러나 신뢰할 수 있는 기관이라면 폐쇄적이기 보다는 이런 한계에 대해서도 이해하고 다른 흐름들과 교류할 수 있으며 적절하고 다양한 프로그램으로 치료사들을 안내할 수 있을 것이라고 생각한다.

둘째로 미술치료사라는 직업인으로서의 정체성을 점검해보길 권한다. 여기에는 치료사의 능력이나 적성들에 대한 점검이 포함되는데 이는 직업적 특성을 고려해볼 때 누가 어떤 과정으로 평가할 수 있는지에 따라 달라질 여지가 있으므로 단적으로 이야기하기 어려운 부분이 있다. 여기에는 주관적인 의견이 포함되며 비록 객관적인 평가라고 할지라도 평가받는 사람이 받아들이지 못하는 경우 바로 평가자를 부정하고 그 자격을 의심하는 일은 흔하게 찾아볼 수 있다. 그렇기 때문에 외부에서 오는 평가와 함께 자기 스스로 자신의 자격이나 능력을 측정할 수 있는 방법을 찾아보고 자신이 원하는 수준의 자격을 갖추기 위해 어떠한 노력을 하는지 등을 점검하는 것이 필요하다. 너무나도 당연하지만 노력 없이 큰 성과를 기대한다거나 자기 객관화나 성찰이 가능하지 않다면 이러한 점검은 이루어지기 어려울 것이다.

셋째, 필요한 경우 자신의 한계에 대해 내담자와 논의한다. 실습생의 경우 내담자 혹은 보호자가 자신이 실습생이라는 것을 알면 왠지 치료받는 것을 불안해하거나 자신을 신뢰하지 않을 것 같은 생각에 사실을 밝히지 않고 치료를 시작하는 경우도 많다. 그런데 그런 경우 치료사가 갖는 마음의 부담은 훨씬 크고 나중에 내담자가 이 사실을 알게 되었을 때의 불신이나 불안감이 더 큰 문제가 되는 경우를 보았다. 만일 내담자가 실습생과의 치료를 원하지 않거나 치료 과정에 만족하지 않는다면 언제든지 다른 치료사에게 의뢰할 수 있기 때문에 실습생임을 알리고 이를 보안하기 위한 제도적 장치나 개인적인 노력 등도 함께 의논한다면 내담자의 불안이나 의구심을 낮추며 오히려 치료의 적극적인 참여자로서의 자세도 독려할 수 있는 좋은 기회가 된다. 이런 개념은 실습생뿐만 아니라 자신에게 익숙하지 않은 이슈를 다루어야 하는 모든 치료사에게 적용된다. 예를 들어 내담자의 문화나 종교, 가치관, 갈등이 치료사에게 생소하다면 섣불리 아는 척을 하기 보다는 이런 점을 솔직히 밝히고 배우려고 노력하는 자세가 훨씬 더 믿음직스러울 것이다.

넷째, 개인적으로 지속적인 노력을 기울이는 자세가 필요하다. 이는 앞서 말한 치료사로서의 한계를 보완하기 위한 제도적인 장치나 개인적인 노력을 말하는데 수퍼비젼이나 동료 간의 수퍼비젼, 자문, 지속적인 재교육, 다양한 워크샵이나 학회 참여 등이 포함된다. 이런 활동을 통해서 자신에 대한 이해와 인격적인 성장이 이루어지지만 이는 교육적인 성격이 강하기 때문에 자신을 드러내고 탐구하며 새로운 적응양식을 찾아가는 과정이 심도 있게 이루어지지는 못한다. 이를 위해서는 치료사도 치료나 분석을 받는 것이 필요하다. 치료사가 치료를 받아봄으로써 이전에 해결되지 않은 문제들을 다룰 수 있고 자신을 찾아오는 내담자의 입장을 이해할 수 있을 것이기 때문이다. 실제로 치료를 받아 본 학생들 중 대다수가 오랜 기간 자신의 치료사를 시험하고 관계 맺기를 주저하며 방어적으로 행동하는 자신의 모습을 발견하고 나서 비로소 자신의 내담자들을 더 많이 이해하게 되었다고 토로하였다.

마지막으로 개인 삶을 충만하게 만들도록 노력하는 것이 중요하다. 어느 직업이나 개인이 잘 정돈되었을 때 일을 더 잘 할 수 있지만 미술치료사는 특히 사람을 만나는 일이기 때문에 치료사가 건강해야 내담자를 잘 만날 수 있다. 그렇기 때문에 치료사도 가족이든 친구든 동료든 간에 자신을 믿어주고 지지해주고 안정을 주는 친밀한 관계를 갖고 있는 것이 필요하다. 그와 함께 자신의 삶에 충실하고 즐거움을 느끼며 자기 삶의 주인이 되기 위해 노력한다면 내담자에게 그보다 더 좋은 모델은 없을 것이다. 이렇게 개인의 삶이 단단해야 치료관계에서도 건강한 경계를 유지하고 굴곡이 있는 힘든 치료과정을 품을 수 있는 힘도 나온다.

그리고 거듭 강조하지만 이렇게 개인의 삶의 중심을 잡는데, 그리고 풀리지 않는 질문을 탐구하는데 미술은 중요한 역할을 담당할 것이다. 실지로 현장에서 활동하는 많은 미술치료사들이 치료 과정에서 치료사의 개인 작업이 차지하는 중요성에 대해 역설하고 있으며 미술가로서의 활동 역시 게을리 하지 않고 있다(Allen, 1992; Geiser, 1990; Ramseyer, 1990). 그러나 바쁘게 일을 하다 보면 개인 작업을 할 수 있는 기회가 좀처럼 돌아오지 않고 그래서 어떤 경우에는 내담자의 작업을 도와주는 과정에 자신도 모르게 지나치게 몰두하거나 자기 작업을 하기도 한다. 그러나 치료시간에는 혹시 치료사가 미술작업을 한다 하더라도 기본적으로 내담자에게 집중하는 시간이기 때문에 이때의 작업이 개인 작업실에서의 것과 같다고 보기는 어렵다(Haeseler, 1989). 그렇기 때문에 따로 시간을 내서, 오로지 자신에게 집중하면서, 미술치료사로서 우리가 믿고 있듯이 작업과정과 작품을 통해 자신을 이해하고 정서적으로 충만한 경험을 하며 창조적인 태도를 지닐 수 있는 통로를 열어두길 권하는 바이다.

여기서 하는 모든 이야기가 혹시 인격적으로 완벽한, 성인이 되라고 요구하는 것 같이 들린다면 오해 없길 바란다. 예전에 미국 학회에서 미술치료의 선구자인 에디뜨 크레이머(Edith Kramer) 여사의 수퍼비젼 시간에 참여하여 미술치료사로서의 경험을 들을 기회가 있었다. 그 분은 훈련과정에 있던 수강생들에게 내담자를 만난다는 것, 그리고 이해한다는 것은 언제나 어려운 과정이었다고 말씀하셨다. 50년 넘게 일을 해 오신 대가 선생님의 그 말씀은 당시 임상실습을 하면서 수많은 물음표를 껴안고 있었던 내게 가야 할 길이 멀다는 막막함을 주기도 하였고 한편으로는 다 그런 거라면 나도 한 번 가볼 수 있겠구나 하는 위안이 되기도 했다. 멀고 쉽진 않더라도, 한 번 가보면 갈 수 있게 안내하는 지침은 찾을 수 있을 테니까. 그 막연한 바람대로 일을 해가는 굽이굽이 손 뻗으면 잡을 수 있는 지침을 찾을 수 있었다. 그것은 때로는 책이기도 하고 선생이기도 하였으며 동료들이면서 혼자 있는 시간이기도 했다. 여러분들 역시 이 길을 가는 동안 그리 멀지 않은 곳에 길을 안내해주는 이정표를 찾을 것이라 기대해 마지않는다.

참고문헌

- Allen, P. B. (1992). Artist-in-residence: An alternative to "clinification" for art therapists. *Art Therapy: Journal of the Art Therapy Association, 9(1),* 22-29.
- American Art Therapy Association. (2009). *Ethical principles for art therapists.*
- American Psychological Association. (1995). *Ethical principles of psychologists and code of conduct.* Washington DC: Author.
- Case, C., & Dalley, T. (1992). *The handbook of art therapy.* New York: Tavistock/Routledge.
- Corey, G., & Corey, M. S. (2007). *집단 상담: 과정과 실제.* (제 7판). 김진숙 외 역. 서울: 시그마프레스.
- Corey, G., Corey, M. S., & Callanan, P. (1998). *Issues and ethics in the helping professions.* (5th ed.). Pacific Grove: Brooks/Cole.
- Corsini, J., & Wedding, D. (2004). *현대 심리치료.* 김정희 역. 서울: 학지사.
- Drachnik, C. (1994). Who owns the artwork? *American Art Therapy Association Newsletter, Fall,* 26-28.

- Fish, B. (1989). Addressing Countertransference through image making. In H. Wadeson, J. Durkin, and D. Perach (Eds.), *Advances in Art Therapy*(pp376–389). New York: Wiley.
- Franklin, M. (1981). Terminating art therapy with emotionally disturbed children. *American Journal of Art Therapy, 20(1)*, 55–57.
- Geiser, R. M. (1990). Through the looking glass II: Impact on the artist self. *Art Therapy, Fall*, 110–113.
- Haeseler, M. P. (1987). Censorship or Intervention: "But you said we could draw *whatever we wanted!*". *American Journal of Art Therapy, 26(Aug.)*, 11–19.
- Haeseler, M. P. (1989). Should art therapists create artwork alongside their clients? *American Journal of Art Therapy, 27(Aug.)*. 70–79.
- Jacobs, J., & Milton, I. (1994). The art of art therapy may be toxic. *Art therapy: Journal of the American Art Therapy Association, 11(4)*, 271–277.
- Klorer, G. (1993). Countertransference: A theoretical review and case study with a talented client. *Art Therapy: Journal of the American Art Therapy Association, 10(4)*, 219–225.
- Kotin, J. (1995). *Getting started: An introduction to*

dynamic psychotherapy. New Jersey: Jason Aronson.

- Levinson, H. L. (1977). Termination of psychotherapy: Some salient issues. *Social Casework, 58(Oct.),* 480-489.
- Malchiodi, C. A. (1998). *The art therapy sourcebook.* Los Angeles: Lowell House.
- Ramseyer, J. (1990). Through the looking glass III: Exploring the dark side through post-session artwork. *Art Therapy, Fall,* 114-118.
- Rubin, J. A. (1984). *The Art of Art therapy.* New York: Brunner/Mazel.
- Spaniol, S. E. (1994). Confidentiality Reexamined: Negotiating use of art by clients. *American Journal of Art Therapy, 32,* 69-74.
- Spaniol, S. E. (1994). The Power of Language in the art therapeutic relationship. *Art Therapy: Journal of the American Art Therapy Association, 11(4),* 266-270.
- Sue, D., & Sue, D. (1990). *Counseling the culturally different* (2nd ed.). New York: Wiley.
- Vick, R. M. (1996). The dimensions of service: An Elemental model for the application of art therapy. *Art Therapy: Journal of the American Art Therapy Assocation, 13(2),* 96-100.

• Wadeson, Durkin & Perach (Eds.) (1989). *Advances in Art Therapy*. New York: Wiley.
• Wadeson, H. (1987). *The dynamics of art psychotherapy*. New York; Wiley.
• Waller, D. (1993). *Group interactive art therapy; its use in training and treatment*. New York: Tavistock/Routledge.
• Yalom, I. D. (1983). *Inpatient group psychotherapy*. New York: Basic Books.
• Yalom, I. D. (1995). *The theory and practice of group psychotherapy*. New York: Basic Books.
• 김광수, 정태희 (2010). 다문화가정 학생지도를 위한 학교 상담의 방향과 과제, *한국초등교육, 20(2)*, 197-213.
• 김현아, 정성란 (2008). 새터민의 가족상담 모형개발. *상담학 연구, 9(3)*, 1333-1356.
• 이동식. (2008). *도정신치료 입문*. 서울: 한강수.
• 최원호. (2008). *상담심리학의 기초*. 서울: 학지사.
• 행정안전부. (2009). *지방자치단체 외국인 주민현황*.

저자 약력

박은선

서강대학교 생명과학 석사
The School of Art Institute of Chicago 미술치료학 석사
이화여자대학교 심리학과 석 · 박사 통합과정

(사) 가족아카데미아 사회교육 및 상담팀장 · 미술치료사
동국대학교 문화예술대학원 예술치료학과 겸임교수
(현) 명지대학교 심리치료학과 교수

[역서] 기억연구소

미술치료 임상실습 지침서

초판 1쇄 발행 2010년 9월 01일
초판 4쇄 발행 2022년 3월 25일

지 은 이 박 은 선
펴 낸 이 소 정 영
펴 낸 곳 하나醫學社

출판신고 제25100-2013-000061호(1988. 4. 1.)
주 소 서울특별시 서대문구 거북골로 7-7(홍은동) 하나빌딩 1층

전화번호 (02)730-2555, 2556
팩 스 (02)730-2557
홈페이지 www.hanampc.co.kr
이 메 일 hanampc1@naver.com

값 12,000원

ISBN 979-89-92141-62-8 93180